常州大学学术著作出版基金资助

中国超大城市
人口集聚内向驱动力研究

续伊特 著

中国农业科学技术出版社

图书在版编目（CIP）数据

中国超大城市人口集聚内向驱动力研究／续伊特著．--北京：中国农业科学技术出版社，2023.11
ISBN 978-7-5116-6492-1

Ⅰ.①中… Ⅱ.①续… Ⅲ.①特大城市-城市人口-人口控制-研究-中国②特大城市-产业集群-研究-中国 Ⅳ.①C924.24②F299.2

中国国家版本馆 CIP 数据核字（2023）第 209602 号

责任编辑	穆玉红
责任校对	马广洋
责任印制	姜义伟　王思文

出 版 者	中国农业科学技术出版社
	北京市中关村南大街 12 号　邮编：100081
电　　话	（010）82106626（编辑室）　（010）82106624（发行部）
	（010）82109709（读者服务部）
网　　址	https://castp.caas.cn
经 销 者	各地新华书店
印 刷 者	北京建宏印刷有限公司
开　　本	170 mm×240 mm　1/16
印　　张	10.5
字　　数	200 千字
版　　次	2023 年 11 月第 1 版　2023 年 11 月第 1 次印刷
定　　价	45.00 元

◆▷ 版权所有·翻印必究 ◁◆

前　言

伴随着中国经济的快速腾飞，我国人口集聚现象开始进入快速发展模式，大规模人口为追求更好的自身发展向大型城市迁移，为当地带来丰厚的人力资本，从而为城市经济的进一步发展奠定了可靠的劳动力基础。第六次人口普查数据显示，2010年年底全国迁移人口达到2.6亿，其中1.7亿人口选择将城市作为迁移目的地，人口向城市集聚的现象尤为显著。2016年国务院印发的《国家人口发展规划（2016—2030年）》中指出，对人居环境临界适宜的地区，基本稳定人口规模，鼓励人口向重点市镇收缩集聚。对人居环境适宜和资源环境承载力不超载的地区，重视提高人口城镇化质量，培育人口集聚的空间载体，引导产业集聚，增强人口吸纳能力[①]。基于此，本书从人口集聚、产业集聚、创新集聚的发展现状入手，着眼于中国超大城市集聚效应的影响机制研究，同时将中国超大城市流动人口居留意愿纳入Logistic回归模型中，分析各变量对流动人口在超大城市内长期居留意愿影响机制，再利用面板向量自回归模型、中介效应模型以及门限效应模型，对超大城市人口集聚、产业集聚与创新集聚之间的影响机理进行进一步分析，最后根据研究结论，给出未来我国超大城市三种集聚效应影响的对策建议等。

通过对国内外现有文献的梳理总结后发现，国内外学者对于人口集聚与产业集聚和创新集聚方面的研究已取得较为丰硕的成果，但却存在着三个方面的不足。首先，大多数文献分析的是人口集聚对产业集聚的影响，或产业集聚对创新集聚的影响，而对于人口集聚与创新集聚之间的研究文献相对较少，将三者统一纳入研究框架内的研究成果更是微乎其微。其次，在部分研究三种集聚效应的研究成果中，缺乏考虑某一要素的中介传导效应或门限效应，导致影响机制研究无法形成较为全面的理论系统。最后，目前大多数文献的研究对象均选择省级层面样本或地市级样本，缺乏同级别城市进行纵向

---

① 《国家人口发展规划（2016—2030年）》。

比较的研究，而对于中国超大城市的比较性研究更处于有待完善补充的环节。因此基于现有文献存在的三个不足之处，本文遵循"研究基础—阅读经典理论文献—分析问题现状—构建理论模型—实证分析—概括结论—提出对策建议"的思路，进一步展开深层次研究，主要提出以下结论。

第一，在构建以北京、天津、上海人口集聚发展对比框架后发现，北京市具有常住人口受教育水平较高的特点，上海市具有外来人口比重较大的特点。同时根据人口集聚指数测算得知，北京市人口集聚指数同比其他两个城市增幅最快。在通过 Arcgis 技术测算了 2000—2015 年北京、天津、上海人口集聚空间关联格局后显示，以北京、天津、上海为例的中国超大城市人口集聚现象呈现"中心—外围"及"点轴状"分布结构，辖区等级变化幅度较小，保持长期稳定的一致性，而 Moran's I 指数和 LISA 图结果表明，中国超大城市出现空间强相依特征，且总体呈现稳定上升趋势，分城市方面，北京市人口集聚现象开始由东城区、西城区向周围城区转移，已开始形成稳定的发展极。天津市人口集聚现象呈现出长期稳定的一致性。上海市人口集聚现象变化幅度较小，但浦东新区受到政策调整影响，呈现不显著的空间结构。

第二，通过将以北京、天津、上海为例的中国三大超级城市进行对比后发现，三大城市人口自然增长率均呈现逐年上升趋势，迁入人口普遍以男性为主，且具有从事行业相似和受教育水平快速上升的特点。在实证研究方面，影响中国超大城市流动人口居留意愿的影响因素出现显著地区差异现象，北京市流动人口长期居留意愿受其婚姻状况和本周工作时长双重影响，天津市流动人口长期居留意愿受其受教育年限和流动时间双重正影响，上海市流动人口长期居留意愿受其性别和收支水平双重正影响。但从总体来看，中国超大城市流动人口年龄状况对长期居留意愿影响显著性较差，各年龄段分布对流动人口的居留意愿影响较低，同时性别和住房支出等因素对流动人口长期居留意愿影响显著性较低。

第三，动态面板模型和面板向量自回归模型实证分析结果表明，第二产业集聚与轻工业产业集聚受到城市产业转型升级的影响，均会显著影响人口集聚的发展，且呈现出负向影响机制。从中短期角度来看，产业集聚对人口集聚的累积效应为负，对人口集聚具有微弱的阻碍作用；但从长期角度来看，这种负向效应会随着产业结构优化而出现拐点，逐渐形成促进人口集聚效应的影响机制，并随着高耗能产业向周边城市扩散，产业集聚的推力作用增强，带来人口集聚现象的持续发展。

第四，在探究创新集聚与人口集聚影响机制下，通过动态面板模型和面板向量自回归模型进行实证分析后发现，创新集聚对人口集聚具有显著的推动性作用。从中短期角度来看，高校课题密度的正向作用会随时间推移而被持续放大；但从长期角度来看，高校课题密度的推动作用存在明显的拐点，整体脉冲函数模型呈现倒"U"形曲线，正向作用会出现逐步缩小的趋势。而专利授权密度的正向作用同样存在拐点效应，这种正向效应会随着人口集聚的进一步发展而逐渐缩小。

第五，在人口集聚、产业集聚、创新集聚的中介传导效应研究中，利用温忠麟和叶宝娟的中介效应模型检验方法解释三种集聚效应的传导理论机理，实证分析结果显示，在创新集聚影响人口集聚的过程中，产业集聚会作为中介变量产生传导作用，且呈现负向影响机制，但从整体来看创新集聚对人口集聚的影响机制仍然为正，产业集聚作为中介效应对总效应的解释度较低，即在创新集聚促进人口集聚的过程中，有 10.2% 是通过产业集聚实现的，从而发现产业集聚对人口集聚的中介效应非完全中介效应，而是为部分中介效应。

第六，在人口集聚、产业集聚、创新集聚的门限效应研究中，利用 Hansen 的门限效应模型解释在产业集聚影响人口集聚的过程中，创新集聚是否会存在门限作用的理论机制，发现创新集聚影响人口集聚的过程中，产业集聚存在单一门限效应，门限估计值为 -0.063 7。当中国超大城市产业集聚低于 -0.063 7 时，创新集聚对人口集聚的回归系数为 0.043 7；当产业集聚系数大于 -0.063 7 时，回归系数上升至 0.071 6，意味着创新集聚对人口集聚的促进作用有所上升。同时通过门限效应，得出产业集聚对人口集聚存在单一门限效应，门限值估计值为 -0.165 7。当产业集聚指数大于 -0.165 7 时，产业集聚的回归系数由 -0.207 3 下降至 -0.664，表示产业集聚对人口集聚的阻碍作用有所上升。而通过门限效应对创新集聚和人口集聚的门限效应分析发现，创新集聚对人口集聚存在双重门限效应，门限值分别为 -4.264 9 和 -1.876 6。当创新集聚指数位于 -4.264 9 和 -1.876 6 区间时，创新集聚对人口集聚的回归系数由 0.007 7 上升至 0.041 4；当创新集聚指数大于 -1.876 6 时，创新集聚的回归系数上升为 0.083 8，表示目前我国超大城市创新集聚对人口集聚的促进作用会随着创新指数的上升而逐渐扩大。

目　录

第一章　绪　论 …………………………………………………………… 1
　第一节　研究背景与意义 ………………………………………………… 1
　第二节　相关文献综述 …………………………………………………… 3
　第三节　研究方法 ………………………………………………………… 12
　第四节　创新点与不足 …………………………………………………… 16
第二章　相关基础理论 ……………………………………………………… 18
　第一节　相关概念界定 …………………………………………………… 18
　第二节　人口集聚的相关理论 …………………………………………… 21
　第三节　产业集聚的相关理论 …………………………………………… 27
　第四节　创新集聚的相关理论 …………………………………………… 31
第三章　中国超大城市人口集聚时空演变及空间分布特征 …………… 37
　第一节　中国超大城市人口集聚发展历史 ……………………………… 37
　第二节　中国超大城市人口集聚空间分布特征 ………………………… 46
　第三节　小结 ……………………………………………………………… 54
第四章　中国超大城市人口集聚的人口增长机制分析 ………………… 56
　第一节　人口集聚现状分析 ……………………………………………… 56
　第二节　北京、上海、天津流动人口居留意愿实证分析 ……………… 67
　第三节　小结 ……………………………………………………………… 79
第五章　中国超大城市产业集聚与人口集聚的影响机制分析 ………… 81
　第一节　产业集聚现状分析 ……………………………………………… 81
　第二节　产业集聚影响人口集聚的理论依据 …………………………… 88

第三节　产业集聚对人口集聚的影响机制分析 …………………… 90

　　第四节　小结 …………………………………………………… 100

第六章　中国超大城市人口集聚与创新集聚的影响机制分析 ……… 101

　　第一节　创新集聚现状分析 …………………………………… 101

　　第二节　创新集聚影响人口集聚的理论依据 ………………… 109

　　第三节　创新集聚对人口集聚的影响机制分析 ……………… 111

　　第四节　小结 …………………………………………………… 120

第七章　中国超大城市人口集聚、产业集聚、创新集聚的影响
　　　　　机制分析 ……………………………………………………… 121

　　第一节　理论分析 ……………………………………………… 121

　　第二节　人口集聚、产业集聚与创新集聚的理论模型 ……… 125

　　第三节　人口集聚、产业集聚与创新集聚的中介效应实证分析 …… 130

　　第四节　人口集聚、产业集聚与创新集聚的门限效应实证分析 …… 139

　　第五节　小结 …………………………………………………… 150

第八章　结论与政策建议 ………………………………………………… 152

　　第一节　研究结论 ……………………………………………… 152

　　第二节　政策建议 ……………………………………………… 154

　　第三节　研究展望 ……………………………………………… 156

参考文献 …………………………………………………………………… 157

第一章 绪 论

第一节 研究背景与意义

一、研究背景

改革开放以来,中国经济进入长期稳定发展的高速增长模式,同时,中国超大城市凭借自身优越的政策优势以及产业布局,快速成为流动人口主要的流入目的地,北京、天津、上海的常住人口分别由1978年的871.2万人、724.27万人以及1 104万人上升至2018年的2 154.2万人、1 559.6万人、2 423.78万人,年均增长率均在5%以上,中国超大城市人口集聚现象的出现主要是受到我国经济尚未进入稳态平衡发展的状态所导致,流动人口在市场经济条件下受到趋利性动机的引导,开始向经济收入较高、就业机会较多的发达地区自主流动,不仅为流入城市的劳动密集型产业提供了充足稳定的劳动力资源供给,同时也为流入城市的经济快速发展带来了丰富的人口红利,由此客观地增加了城市人口规模的不断扩大,造成中国超大城市人口集聚效应的快速发展。

人口集聚是受到人口自然增长和机械增长双重作用的结果,而人口机械增长则是我国超大城市人口集聚现象最主要的作用因素。目前学术界关于超大城市人口集聚效应调控开始出现两种不同的观点:第一种观点是我国超大城市人口规模已接近城市承载极限,在参考东京、首尔、纽约等发达国家城市发展案例后认为,当下我国超大城市人口规模如果不加以调控,将会进一步加剧城市住房紧张、交通拥堵、短板资源不足的城市病显现,从而限制未来城市的发展;第二种观点认为目前我国超大城市人口尚未达到城市发展所需劳动力的最高临界点,忽略市场经济对人口的自发调节机制将会扭曲城市要素价格,限制城市的潜在发展空间,因此仍需要进一步解放城市人口扩张空间,增加城市人口集聚能力。显然,在每一种观点的背后都显示出目前我国超大城市人口集聚现象已经开始成为学界的关注焦点,而探究何种要素会对人口集聚产生本质上的影响,成为本书主要的关注点。

目前我国经济发展已进入新常态时期,在保证产业链供应链稳定的前提下,城市经济已开始向速度变化、结构优化、动力转换方向迈进,由此带来的产业结构调整以及创新理念驱动逐渐成为未来城市发展的主要驱动力量。近年来,北京市开始实施疏解非首都功能的总体战略布局,以劳动密集型、资源消耗型产业为代表的一般制造业开始进入调整阶段,城市传统产业集聚模式同时进入转换时期,高耗能、高污染、高劳动力消耗型产业逐渐被新兴产业、未来产业所取代,导致城市创新集聚效应的快速增强,这一现实背景使得城市未来产业集聚、创新集聚成为拉动人口集聚效应发展的主要引擎。从目前关于我国超大城市人口集聚与产业集聚、创新集聚的既有文献来看,一方面部分文献将研究视角设定于某一超大城市,虽对个别城市问题进行分析讨论,但仍未将超大城市作为宏观整体进行研究,从而缺乏全面性的综合评价分析。另一方面有些研究通过实证检验的方法对人口集聚效应与产业集聚效应、创新集聚效应进行了影响机制与路径分析,但没有考虑到三种集聚效应的综合作用机制,未能全面反映超大城市人口集聚效应的影响路径,尚有待得出详尽的分析结果。基于上述分析,本研究除分析中国超大城市人口集聚现状及流动人员居留意愿,还利用面板向量自回归模型以及中介效应模型、门限效应模型,将人口集聚、产业集聚、创新集聚作为考察变量,对中国超大城市集聚效应影响机制进行更为深入具体的分析研究,从而推进人口集聚研究视角的进一步创新。从我国过去的发展经验来看,传统产业对于超大城市经济腾飞起到过至关重要的推动性作用,但从长远角度来看,深化专业分工与发展创新导向的战略性新兴产业将最终影响城市经济的可持续发展,进而影响城市人口集聚效应的转变,从这一角度来看,研究中国超大城市人口集聚与产业集聚、创新集聚的影响机制是非常有意义的。

二、研究意义

我国超大城市具有经济规模大、人口基数多、流动人口居留意愿强等地域特点,以产业集聚、创新集聚作为切入点进行人口集聚的影响机制分析具有重要的现实意义,对于我国超大城市发展现状来说,在打破城乡二元结构,推进城乡共同发展的前提下,目前促进人口双向流动仍是各地政府应完善健全的人口机制,农村劳动力向超大城市集聚实现知识技能提升,随后部分人口携带科学理念以及先进技术回乡创业,实现为乡村"输血"的良性发展体制，提升劳动力资源配给效率，促进城乡双向发展，由此带来的超大城市人口集聚不仅有利于城市生产要素充分利用，同时也可以发挥城市经济外溢效应，促进城乡融合发展，推动城市经济以及产业结构调整在新常态形势下稳定运行。

从人口集聚角度来看，人口集聚主要受到自然环境、经济发展以及社会资源供给等因素的影响，其中产业集聚和创新集聚作为传统影响因素以及新兴影响因素被认为是超大城市人口集聚发展的主要两大推力，本研究选择中国超大城市作为研究样本，将人口集聚与产业集聚、创新集聚统一纳入研究框架内构建实证模型分析，这将有利于从人口学角度理解三种集聚效应的作用关系，测定出产业集聚、创新集聚对中国超大城市人口集聚效应的作用大小，进而丰富人口集聚相关理论，拓展人口社会学、人口经济学理论视角。

第二节 相关文献综述

一、国外相关文献综述

人口集聚是城市发展的必然结果，目前大量文献已经表明人口流动、城镇化发展、产业集聚、创新集聚、土地制度改革等因素均会造成城市人口集聚的进一步发展，其中产业集聚作为劳动密集型产业的传统发展因素，一直以来便是人口集聚现象发展的主要源泉，而创新集聚则是未来城市产业结构升级后所形成的全新驱动效应，将通过知识溢出与高精尖人才吸引作用成为日后人口集聚进一步繁荣的不竭动力，自从熊彼特提出创新产业集聚论后，国内外大量专家学者开始对产业、创新以及人口之间的关系探究投入极大的研究热情，目前已有众多研究成果表明产业集聚和创新集聚能够极大的影响人口集聚的发展，本文通过对已有国内外文献进行梳理分析，对人口集聚发展的成因、人口集聚与产业集聚、人口集聚与创新集聚影响机制方面的文献进行综述总结。

在人口集聚的成因方面，Taylor 等（1977）将马尔萨斯的人口学理论通过生物学角度进行进一步约束性研究，通过果蝇的繁殖行为与死亡现进行模拟，对人类迁移行为的空间分布进行了种群密度迁移测算，发现人口迁移行为会受到父辈经验影响从而改善迁移行为，进而降低迁移风险，同时人口迁移会受到死亡率的影响，其中导致死亡的关键性因素将会阻碍人口进行群体性迁移行为。Barbieri 等（2010）研究了2025—2050年巴西东北部气候因素对人口迁移的影响，通过人口动态变化建立实证模型，认为该地区的人口迁移行为会受到本地高水平贫困现象以及半干旱地区气温上升的综合作用，未来会受到气候变化导致农业减产的经济因素导向，进而推动的人口向其他城市或国家而发生的迁移行为。Bertoli 等（2010）将研究主体定为移民人口较多的厄瓜多尔，通过迁移规模和迁移人口技能两个方面分析了迁出人口的主要特征，同时运用美国和西班牙的厄瓜多尔移民数据，建立迁移特征与目的地收入的 Mincer 模型，回归结果发现收入差距是厄瓜多尔大学毕业生中迁入美国的主要原因，同时移民政策也是影响迁移人口的主要因素。George 等（2006）通过 1960—2000 年的人口普查数据，对迁移人口在劳动力市场中影响本地工人工资结构以及内部迁移行为的作用进行了分析，研究结果表明，人口迁移现象的出现会导致本地出现较高的人口外迁率，同时会降低本地劳动力增长率，而从事石油行业的迁移人口也会导致本地劳动力市场的平均石油从业工资下降 40%~60%。Liu（2013）通过非洲和欧洲之间人口迁移的纵向数据，对塞内加尔向欧洲的迁移行为进行网络稳健性检验，同时通过时间分散模型进行强弱关联分析，结果显示对于女性迁移者而言，男性迁移者的强性关联更为重要，而从网络资源方面来看，资源的多样性对男性迁移者和女性迁移者发挥着不同的影响作用，对于关联性较弱但拥有较多社会资源的男性迁移者而言，其整体迁移意愿更为强烈。Kennan 等（2011）通过建立多地区动态分离模型，将接受过高中及以上教育的白人男性作为样本进行面板数据分析，重点研究收入因素作为主要变量下的迁移决策选择，研究结果显示，洲际人口迁移决策较大层面上受到人口收入前景的作用影响，而收入和迁移之间的作用关系既受到平均工资的地区差异影响，同时受到改变现实收入状况的趋利性驱动。

在产业集聚影响人口集聚的理论机制方面，国外学者多从劳动力集聚与企业匹配角度进行相关影响机制研究。Wheeler（2001）为证明美国企业与工人相匹配的过程有助于提升城市群的劳动生产率，通过实证模型分析后认为，当企业资本与工人技能在生产过程中形成互补趋势时，城市群的生产效率将会被大大提高，同时本地市场规模与城市平均生产率呈现显著正相关关系，而且还会在技能群体工资不匹配与高预期回报之间产生更大的影响作用。Monica（2013）从企业和工人两个角度出发，采用意大利劳动市场数据探究劳动力市场在营业额、学习能力、匹配机制等方面的集聚效应，研究结果显示，企业周转率与当地人口密度之间呈现总体正相关关系，而劳动力市场集中收益仅占工人和企业集聚收益的很小一部分比重，因此可以认为不同行业劳动力市场集聚来源不同,很难确定劳动力市场集聚是集聚经济的主要来源。Patricia(2014)基于密集劳动力市场有助于提高市场中雇员与雇主之间的匹配质量假设前提下,从英格兰与威尔士的纵向工人微观数据入手,验证劳动力集聚与经济集聚之间的影响关系,研究结果表明,雇主与雇员之间的匹配质量与当地劳动力市场经济规模间呈现显著正相关关系,从而证明劳动力集聚是经济集聚的重要来源条件。而也有部分研究学者运用前向联系机制,对人口向产业集聚较为集中地区的迁移原因进行研究。Pons(2007)将第二次世界大战期间市场准入制度是否会对西班牙国内迁移人口的迁移选择产生影响作为研究对象,通过建立新经济地理模型对工人的区位选择与工业生产位置进行结构比对,发现工人的本地迁移决策与所在地区的市场潜在潜力存在显著正相关关系,而这样的影响机制是1920年前后西班牙国内迁移度较低的主要原因。Kancs(2010)将市场潜力、工资、生活成本等影响劳动力迁移的决定因素纳入克鲁格曼新经济地理学框架内,研究欧盟扩大后的劳动力转移问题,研究结果表明,迁移人口既会被市场潜力所吸引,同时也会影响当地市场潜力,而在欧盟扩大成员国后,通过劳动力迁移形成中心—外围的格局可能性较低,但欧盟一体化将会带来欧盟成员国内部与欧盟成员国之间的劳动力迁移现象进一步发展。Stephen Redding(2004)在后向联系机制的基础上,使用人均收入、双边贸易、制造业产品相对价格等跨国数据建立经济地理结构模型,研究结果显示,市场准入和供应来源的地理位置呈现显著相关关系,同时也可以在数量上对人均收入的跨国变化进行有效解释,而基于经济地理模型的研究结论也可以有效解释经济、社会、人口等因素的影响机制。

在人口集聚与创新集聚的理论机制方面,Li Ma 等(2010)通过对高新技术产业特征、集体创新渠道以及知识溢出效应等集群机制收益进行实证分析,认为在产业集聚进一步发展的情况下,人才集聚效应会显著提升高新技术企业的创新效率,从而促进企业自身的快速发展,同时人才集聚效应会受到多种因素的共同影响,从而加速或延缓人才集聚效应的发生。Lee 等(2012)通过亚洲新兴经济体的人力资本积累数据对影响科技人才集聚的要素进行模型分析,实证结果表明更好的父母教育水平、更高的公关教育支出、平等的收入体系以及社会生育率下降会显著提升人口的教育入学率,但回归结果同时显示,到2030年时亚洲新兴经济体的人口平均受教育年限将从7.0年增长至7.6年,明显低于1970—2010年的4.1年增幅,这使得亚洲新兴经济体的教育资本仅达到发达国家1970年的水平,或仍然比2010年发达国家落后3.5年，因此为保证地区人口受教育水平的快速增长，未来新兴经济体应进一步在提高教育质量以及提升中等、高等教育入学率方面加大投入力度。Bala等（2001）通过建立人力资本积累的世代重叠模型，分析人才集聚演进的时空特性，研究结果表明，人力资本的本地溢出会与全球市场参与之间发挥相互作用，从而将社会划分为不同的社会经济阶层，同时通过同质均衡和分层均衡，可以发现其具有局部稳定性，进而促进科技人才集聚。Lucas（2004）将研究视角设定为"二战"后低收入经济体中城乡迁移现象，认为在劳动力从土地密集型向人力资本密集型转移的过程中，技术创新会发挥至关重要的作用，因此当迁移人口为追求更加丰富的劳动报酬时，这部分劳动力会首先根据迁移目的地的均衡技术水平为尺度，进行自身知识技能的提升，从而降低迁移不可控风险，实现迁移决策最优化。Kaya（2019）通过实证分析模型，对伊斯坦布尔的人口集聚现在进行回归分析，认为知识溢出、良好的基础设施、充足的劳动力供给等因素会造成某一地区人口集聚现象的快速发生，但当该地区出现因规划不善、资源配置效率较低所导致的过度集聚现象时，将会出现房价上涨、环境承载力过重、技术创新下降等负面影响，同时通过对比土耳其其他城市数据后发现，伊斯坦布尔快速发展的人口集聚会导致城市产业发展降速、自然环境超载、知识溢出能力下降等不良后果。

二、国内相关文献综述

人口集聚是地区收入差异、自然环境、空间距离、户籍制度与社会关系等因素的共同作用结果，我国学者对于地区人口集聚的研究成果较为丰富，同时随着我国京津冀、长三角、粤港澳、中西部核心6市等城市群快速发展，学者对于超大城市、超大城市的人口集聚现象关注趋势也日趋显著。地区经济差异与收入差异是影响人口集聚发展的重要因素，王桂新（1996）通过空间相互作用模型，对国内20世纪80年代后期区域经济因素对人口迁移的影响关系进行实证研究，发现各省迁出人口受到迁入地经济效应的吸引作用多数均大于0，而受到迁出地的推排作作用多数均小于0，说明经济收入对人口迁移的吸引作用较大，而推排作用较小，同时进一步分析发现，地区经济规模对人口迁移数量的影响占比较大，是影响人口迁移的决定性因素，但经济收入因素的影响作用占比较小，是影响人口迁移的导向、定性因素。蔡昉（1998）通过劳动力跨地区迁移的就业体制现象，对城乡间二元劳动市场与城市二元劳动力市场特征进行分析，认为造成二者主要区别的原因在于不同工资机制间存在差异，而地区差异扩大也是影响劳动力迁移主要因素。李培等（2007）将研究视角集中于京津冀地区人口迁移现象，通过1990年与2000年的人口迁移影响因素回归后发现，京津冀地区迁入人口开始向第三产业方向转移，而地区经济差异成为外来劳动力迁入的主要影响因素，同时随着劳动力市场的进一步完善，地理距离等因素对人口迁移的影响作用开始减弱，市场化水平、产业结构对人口迁移的影响程度出现快速上升趋势。王化波等（2009）通过第五次人口普查微观数据，将全国分为四个种类，进行户籍与非户籍迁入、迁出人口的多元回归分析，发现经济发达地区会吸引本地人口和外省人口同时出现流入现象，而短期人才吸引政策较大，但后期职工待遇较低的地区会更多的吸引本地人口迁入，但对外省人口迁入影响较小，同时北京、上海等经济增速较快的地区将持续成为人口迁入的主要目的地。封志明等（2013）通过离散时间序列与连续时间序列对国内人口集聚与经济集聚一致性进行实证分析，认为2000—2010年县级人口集聚现象与经济集聚现象存在弱协调关系，人口集聚具有强烈的经济因素导向性作用，集聚现象之间呈现良性发展态势，而省级层面人口集聚与经济集聚一致性存在加强趋势，经济因素差距缩小开始导致不同省份之间人口经济协调度差距出现缩小趋势。在地区收入差距方面，杨云彦（1999）通过第四次人口普查数据分析后认为，各省区劳动力流入量与社会固定资产投资相关系数高度显著，并呈现逐年上升趋势，同时就业与收入变量在各经济变量中弹性程度最大，迁移数量与收入变量成高度显著关系。李玲（2001）将迁移者户籍变动作为研究视角，通过两次人口普查数据对比分析后发现，促使迁移者进行迁移决策的主要因素为寻找就业机会，其次是追求较高的期望收入水平，而迁移率主要与地区经济水平呈现正相关关系，但与迁移距离的相关关系并不显著。

伴随着人口集聚领域研究的不断深入，国内学者开始从产业集聚与人口集聚的关系上进行更为深入的研究，有关产业集聚对人口集聚影响的文献开始不断增加。敖荣军等（2006）基于人口迁移的推拉理论，将人口流动与产业空间匹配过程分为四个模式，认为工业化初期受到外生冲击的影响，人口迁入与产业进入速率处于不匹配阶段，人口与产业匹配程度处于最差阶段。随后伴随着产业进入速率提高，人口与产业匹配程度出现不断改善趋势，并进入第二、第三配置模式，而当企业转出速率逐渐降低，地区人口数量出现下降状态，人口与企业进入完全匹配模式，并通过国内20世纪90年代以来东部地区的人口产业发展进程，对人口产业标准化模式进行了经验验证。毛冰冰（2020）针对人口集聚与制造业之间的实证关系，通过面板数据模型对二者之间的影响机制进行了计量分析，结果显示人口集聚对制造业产业集聚具有正向促进作用，同时制造业集聚的进一步发展也对人口集聚也具有推动作用，二者互为影响因素，具有内生性关系。但部分超大城市受到城市规模以及城市定位影响，影响机制呈负相关关系，以北京为例，当本地制造业产业集聚每提高1个单位时，人口净流出率会上升4.13个单位，与中西部地区其他城市呈现相反的作用机制。杜瑜等（2008）同样将研究视角集中在我国三大都市经济区范围，通过区位熵指数和赛尔系数，对1990—2000年的地级市数据进行分解计算，发现城市功能分区受到核心城市和非核心城市的双重影响开始出现空间功能分化趋势，由此带来城市人口集聚开始进入空间调整阶段，出现产业人口相适宜的分配模式。周玉龙等（2015）则将产业类型进行进一步分化，通过2005—2011年的地市级人口集聚数据对第二产业、第三产业的影响作用，通过面板数据模型进行实证分析后发现，人口集聚对第二产业劳动生产率影响作用较小，且呈现倒"U"形曲线的负向影响作用，而对于第三产业而言，人口集聚的影响关系同样呈现倒"U"形曲线，但人口集聚会正向推动第三产业生产率的发展，由此发现，人口集聚受到城市规模的影响，对产业劳动生产率的影响机制存在不同的作用效果。李学静等（2013）将研究视角集中于省级流动人口方面，通过第六次人口普查数据将产业集聚水平与省级人口流动数量进行实证分析，发现人口转移受到地区产业集聚水平的正向影响作用较强，同时人口流动也对当地产业集聚水平的发展起到了不可小觑的促进作用，二者呈相互影响关系，通过进一步分析发现，产业集聚水平较强的地区人口吸纳作用较高，产业集聚水平较低的地区人口吸纳能力较弱，流动人口较容易受到产业集聚发展水平的影响而出现波动情况。钟敏等将广西省14个地级市作为研究样本，通过2008—2015年产业集聚及人口规模数据，进行GMM模型和面板VAR模型实证分析，研究结果表明地区产业集聚规模越高，人口规模越大，同时人口规模与当地第二产业、第三产业联动性较强，产业升级对人口规模提升的促进作用较为显著。袁冬梅等（2019）通过与全国285个以上地市级以上城市作为研究样本，将人口规模与产业集聚进行门限模型实证分析，研究发现，当人口规模位于211.71万人和147.59万人的门限阈值时，城市专业化集聚以及多样化集聚会出现正负向影响分化，当城市人口规模位于两个阈值之间时，两种集聚效果均会对城市经济增长起到显著正向影响效应。张绍稳等（2019）将1995—2015年云南省地级市人口产业集聚数据作为研究样本，通过计算地理集中指数与人口集中指数对省内产业人口集聚程度进行测算，同时通过面板数据模型对二者关系进行实证分析，研究结果发现，产业集聚对人口集聚的影响显著性较强，产业集聚对人口集聚的促进作用较强。

目前国内学者对人口集聚与创新集聚的影响机制研究尚处于有待完善的环节，但仍有部分学者从人口集聚与创新的角度尝试探讨二者之间的作用机理。王永进等（2015）利用1998—2007年国内工业企业数据对人口集聚与企业创新的关系进行了实证分析，通过断尾回归与Heckman双阶段模型分析后发现，地区人口集聚现象的发展有助于提高当地企业的自主创新能力，同时人口集聚所带来的沟通外部性与知识溢出效应，既会增加企业的创新支出成本，同时也会增加企业的研发概率，从而推动企业自主创新能力提升。王公博（2020）将2007—2018年全国省级层面R&D经费投入与人口集聚指标的作用关系作为研究视角，通过空间杜宾模型实证研究后发现，创新驱动通过高房价等影响因素对人口集聚效应产生显著负向影响机制作用，同时户籍制度对人口集聚具有显著正向推动作用，而人口集聚效应的进一步发展会对本地区产生空间溢出效应。左学金等（2009）将上海与纽约、东京、伦敦等国际大都市进行对比后发现，在城市发展过程中如需建立及保持创新优势，需要依靠成规模性的人口基数、开放的市场以及充足的高素质劳动力作为支撑保障，但目前上海市存在人口增速过慢、高素质人口匮乏等实质性现象，因此上海在创新能力提升的发展过程中仍与国际大都市相比缺少明显的人口条件支撑。豆建春等（2015）通过建立内生生育率模型，将创新对人口增长的影响机制分为产品创新以及技术进步两种模式，从产品创新角度来看，当产品创新的速度保持快速稳定发展时，技术进步的增长效应会使得人口增长速度逐渐放缓，从而保证人均收入的稳定增长，而从技术进步角度来看，当社会技术进步快速发展时，人口增长率会出现上升趋势，人均收入增幅将会出现降低趋势。许诺等（2016）将34个国内主要城市人口迁移数据进行多因素面板模型分析后认为，省外迁入人口以及省内迁出人口均会对创新产生显著促进作用，而对于本科高校较多的城市而言，受到高学历人口比重扩大的因素影响，外省迁入人口对创新的积极作用更为显著，同时人口迁入数量对本地创新能力提升的影响作用具有明显的区域性差异。汪行东（2017）通过GMM模型对国内2000—2014年省级层面数据进行实证分析后发现，人口规模增长会促进地区创新能力上升，但人口规模增幅较快会导致城市出现拥挤效应，从而降低城市创新能力，二者呈倒"U"形曲线关系。

随着人口集聚现象的进一步发展，越来越多的学者开始探索城市发展过程中人口与产业、创新之间的作用机制。卓乘风等（2018）利用2003—2015年各省份数据进行空间计量回归与门限模型分析后发现，目前国内除东部地区以外，产业结构升级受到人口老龄化因素的制约性较强，而中部地区数据显示，创新能力提升有助于缓解人口老龄化对产业升级所带来的阻碍性作用，同时人口老龄化与产业升级之间呈现正向关联关系。从门限分析角度来看，目前国内除中部地区以外，人口老龄化对产业升级的过程中创新要素均存在双重门限效应，而中部地区的影响机制则为阻碍作用转变为促进作用，最后转变为不显著作用，创新要素作用出现明显地区差异现象。邓沛能（2019）同样从人口老龄化角度出发，对创新与产业结构升级之间的影响机制进行了实证分析，研究结果显示，目前国内 R&D 人员的省级迁移与产业升级具有明显的空间关联性，同时产业升级可以实现以中心带动周边的辐射效应，呈现明显的空间正相关关系，而创新要素在人口老龄化与产业升级影响机制中扮演调节因素，有助于强化人口老龄化对产业升级的正向影响作用。杨蔚宁等（2019）将研究视角集中于人口迁移所带来的人口集聚现象与产业、创新之间的影响机制研究，在对三者之间进行了耦合关系研究后发现，三种要素之间具有显著的时空差异，2005—2015年耦合水平呈现出由低向高的演进趋势，但子系统间耦合程度较低，同时中西部地区属于衰退类型，地区间存在显著区域差异，而耦合系统内人口迁移与技术创新子系统属于较低层次，产业升级子系统属于较高层次，同样存在明显的地区性差异。付宏等（2013）利用2000—2011年国内省级层面数据，通过面板模型与DEA 分析方法对产业结构、创新要素与 R&D 人员等要素影响机制进行实证分析，研究结果表明，在创新影响产业升级的过程中，创新研发人员发挥了条件型导向作用，但缺乏动态连续特征，且具有显著的地区差异现象。谢子远等（2017）运用面板数据模型，将2000—2012年不同工业行业的产业集聚水平与创新效率进行实证研究后发现，两种要素呈倒"U"形曲线关系，产业集聚水平过高时会制约企业创新效率的提升，而部分地区由于产业集聚水平较低，当地产业现状会促进企业创新效率的快速发展。彭向等（2011）通过动态面板模型对国内1999—2007年的多地区产业集聚现象与创新要素进行实证分析，研究发现，同区域内部企业竞争现象会对本地企业创新研发起负向影响作用，同时 Jacobs 外部性与 MAR 外部性均会对地区创新产生显著的正向影响作用，但 MAR 外部性的推动作用仅为 Jacobs 外部性的一般影响力。

三、评述与启示

人口集聚作为一种人口自发性的流动行为，通常受到经济因素、政治因素、社会文化因素等多层次角度的影响，其集聚过程会带来一个城市或地区人口规模的快速增长，有关人口集聚与城市经济发展的研究一直是人口学的重点关注问题，随着研究视角的不断深化，有关人口集聚理论的研究已将多学科纳入到研究框架中，对比分析目前国内外相关文献，可以发现以下几点差异：首先，较为早期的国外一些研究成果更多地关注微观层面个人迁移者的迁移动机与决策方法，而早期的国内学者大多将研究视角集中于宏观层面的省级、市级人口迁移特征。其次，国外学者研究时间跨度较为广泛，除研究当代人口集聚现象影响机制以外，部分学者同时也将工业革命后以及二战后期人类迁移集聚行为作为研究对象，与之相反，国内学者相关研究多以改革开放以后当代城市人口集聚现象作为时间角度，剖析人口集聚作用机理。再次，西方学者对于人口集聚过程中人种、民族问题研究较为关注，国内学者则多数以宏观的人口概念作为研究对象，进行统一量化分析。最后，在国内外学者形成"推力—拉力"作为人口集聚的主要迁移原因的共识后，国外学者对于人口集聚的定性研究较为关注，而国内学者则多数选择定量研究作为研究方法，探讨人口集聚现象背后的异同关系。

通过对现有文献进行梳理总结后可以发现，目前人口集聚现象已经开始成为学界较为关注的热点问题，同时学者也将研究视角不断深化，在兼顾宏观对象的同时，对城市及个人层面的研究开始增多，在现有基础上应继续完善和拓展人口集聚对不同集聚效应的理论实证研究，可以从以下角度开展研究分析：①深入的理论分析。现有文献较多关注实证计量部分的量化研究，从而忽视了现象本身的理论推导验证，无法实现总体的理论框架构建。②研究对象的选择。既有文献主要分析省级、市级行政辖区层面样本，并没有将同一维度的同质对象进行细化分析，较少对纵向人口集聚现象进行对比研究。③变量的选择。已有研究成果多集中于人口集聚与经济增长等方面，可根据城市发展异同情况，选取适宜的人口集聚、产业集聚、创新集聚代理变量，以求能够在经济发展影响机制下，更为全面准确的分析三种集聚现象的相互作用机理。本研究在构建总体理论框架的基础之上，探讨人口集聚效应与产业集聚、创新集聚地影响理论机制，通过构建不同的计量模型，以求尽可能的准确分析三者之间的关系，为未来超大城市的进一步发展注入全新动力。

第三节 研究方法

本书主要内容采用定性与定量相结合的方法,通过文献归纳研究与实证模型分析相结合的方法对文章主要议题进行分析,具体研究方法可以归纳为以下六个方面。

1. 文献研究法

通过对中国外现有关于人口集聚、产业集聚与创新集聚方面的文献进行整理阅读,选择人口学视角与区域经济学视角作为主要研究角度,对相关文献进行分类筛选,同时分析现有文献的既定成果与研究不足,进而形成本研究的创新点和研究框架,在梳理集聚效应经典理论框架的前提下,总结产业集聚、创新集聚对人口集聚的理论基础,为后续研究提供坚实有效的理论支撑。

2. 比较分析法

本书采用多年份数据比较分析法,对中国超大城市人口发展进程、人口密度、人口集聚指数进行比较分析,同时通过与发达国家超大城市进行对比,探讨目前我国超大城市人口集聚发展程度存在的差距,为本书奠定重要的研究基础。

3. 基于 Arcgis 的空间分析

Arcgis 软件作为应用最为广泛的地理信息可视化软件,多年来常被应用于人口学领域的人口空间可视化研究分析,本研究采用 Arcgis 软件对以北京、天津、上海为例的超大城市多时段人口密度分布情况、全局 Moran's I 指数、局部 Moran's I 指数进行空间可视化测算,同时利用 Lisa 图反映多年份下城市人口集聚分布变化。

4. Logistics 回归分析方法

Logistics 曲线最初由比利时数学家维尔哈尔斯特(P. F. Verhulst)提出,经过皮尔(R. Pearl)与里德(L. J. Reed)等多位学者不断探索最终形成的广义线性回归分析模型,通过将自变量与因变量加入 Logistics 回归中,对自变量的权重进行估算分析,从而测算某种变量的影响效果,在人口学、医学、经济学等多领域得到广泛应用。本书在中国超大城市流动人口居留意愿章节,利用 Logistics 回归分析方法,构建二元 Logistics 回归模型,将个体特征、人力资本特征以及经济特征作为被解释变量,考察多种因素对超大城市流动人口居留意愿的影响作用。

5. PVAR 模型分析方法

PVAR 模型最早是由 Holtz-Eakin、Neway 以及 Rosen 在 1988 年提出，用于考察多个变量之间的动态互动关系，该模型将所有变量均看做内生变量，运用格兰杰因果检验、脉冲响应函数、方差分解等方法考察各变量间的影响程度。本书采用 PVAR 模型对中国超大城市产业集聚、创新集聚分别对人口集聚的影响作用进行实证研究，同时通过脉冲分析方法对长期影响机制进行估计。

6. 中介效应分析方法与门限效应分析方法

中介效应和门限效应分别可以考察一种要素在其余两种要素影响作用中的传递效应以及阈值效应，本书基于现有研究成果，通过温忠麟和叶宝娟的中介效应检验程序，以及 Hansen 提出的门限效应检验程序，对三种集聚效应的中介作用系数、中介作用效果、门限效应个数、门限效应估计值进行实证分析。在最后的门限效应分析中，进一步单独对中国超大城市产业集聚、创新集聚对人口集聚的门限作用效果分别进行门限效应实证分析。

本书以中国外现有人口集聚、产业集聚、创新集聚相关文献以及经典理论作为研究基础，分析中国超大城市三种集聚效应之间的作用机制和影响路径，在实证分析部分，本书设计四条主线进行渐进式研究分析，首先在人口集聚方面，主要分析各项特征指标对外来流动人口居留意愿的影响机制，其次在人口集聚与产业集聚方面，主要分析产业集聚对人口集聚的作用效果，再次在人口集聚与创新集聚方面，主要分析创新集聚对人口集聚的作用机理，最后在人口集聚、产业集聚与创新集聚方面，主要分析三种集聚效应之间的传递效应和阶段性效应。通过对人口集聚、产业集聚、创新集聚地复合分析，以期可以完善对中国超大城市集聚效应之间作用机制的研究成果，本书共分为八个章节，具体文章结构安排如下。

第一章，绪论。主要介绍本书的研究背景与研究意义，同时对国内外有关人口集聚、产业集聚与创新集聚有关的文献进行整理综述，交代了本书的研究方法，并说明研究的创新点与不足之处。

第二章，相关基础理论。本章分为四个部分，第一部分结合现有研究成果，对人口集聚、产业集聚、创新集聚、超大城市等概念进行界定。第二部分对人口集聚相关基础理论进行介绍，主要包括刘易斯二元经济理论、规模效应理论、人口迁移成因与劳动力市场理论。第三部分总结产业集聚相关理论，主要包括新古典学派理论、空间经济学理论。第四部分对创新集聚相关理论进行了总结，主要包括创新系统理论中的创新集聚、经济增长理论中的创新集聚、新经济地理理论中的创新集聚。本章通过规模效应、空间经济学、创新系统等理论，对后续章节中集聚效应之间的影响机制分析提供理论指导。

第三章，中国超大城市人口集聚时空演变及空间分布特征。首先，介绍了北京、天津、上海的人口集聚发展历史，并通过人口集聚指数，测算了北京、天津、上海的人口集聚发展情况，同时对各城市间人口集聚特征进行论述。其次，通过人口发展指标，对中国超大城市人口集聚现状与国外超大城市人口集聚现状进行较为客观的对比评价。最后使用 Arcgis 测算北京、天津、上海的四分位图、局部莫兰指数、全局莫兰指数，分析中国超大城市的人口集聚特征与集聚中心分布。

第四章，中国超大城市人口集聚的人口增长机制分析。本章分为两个部分，第一部分从人口自然增长和机械增长两个角度对中国超大城市人口集聚现状进行对比分析，讨论了北京、天津、上海人口集聚现状的异同点。第二部分在人口机械增长的研究基础上，通过建立计量模型实证分析了中国超大城市流动人口居留意愿影响机制，并对三个城市的影响因素差异进行对比分析。

第五章，中国超大城市产业集聚与人口集聚的影响机制分析。本章分为两个部分，第一部分为中国超大城市的产业集聚现状分析，包括产业结构现状、产业结构高度化以及产业集聚现状，通过对比分析得出北京、天津、上海的产业集聚发展现状差异。第二部分为产业集聚对人口集聚的影响机制分析，首先使用 LSDV 方法进行回归分析，计算产业集聚对人口集聚的作用机理，随后在此基础上，构建 PVAR 模型对格兰杰因果关系、脉冲响应分析以及方差分解结果进行实证研究，考察中国超大城市产业集聚对人口集聚的影响。

第六章，中国超大城市人口集聚与创新集聚的影响机制分析。本章分为两个部分，第一部分为中国超大城市的创新集聚现状分析，首先通过科技活动人员、高技术企业数、R&D 经费支出、高技术产业专利申请数对北京、天津、上海的创新主体进行比较；其次对三大城市的专利授权密度与高校 R&D 课题密度进行对比分析；最后对高技术产业从业人员区位熵以及技术市场交易熵进行对比，分析中国超大城市创新集聚现状。第二部分为创新集聚对人口集聚的影响机制分析，通过 LSDV 方法及 PVAR 模型，对中国超大城市创新集聚对人口集聚的作用机理进行实证分析。

第七章，中国超大城市人口集聚、产业集聚、创新集聚的影响机制分析。本章分为两个部分，第一部分通过建立中介效应模型，实证分析当产业集聚作为中介变量时，创新集聚对人口集聚的影响机制。第二部分采用面板门限效应模型，分别建立三组模型，首先对产业集聚在创新集聚影响人口集聚过程中的门限假说进行模型验证，探讨产业集聚作为门限变量的影响机制；其次对产业集聚在自身作为门限变量时影响人口集聚的门限假说进行验证，探讨产业集聚对人口集聚的门限作用；最后对创新集聚在自身作为门限变量时影响人口集聚的门限假说进行验证，探讨创新集聚对人口集聚的门限效应（图1.1）。

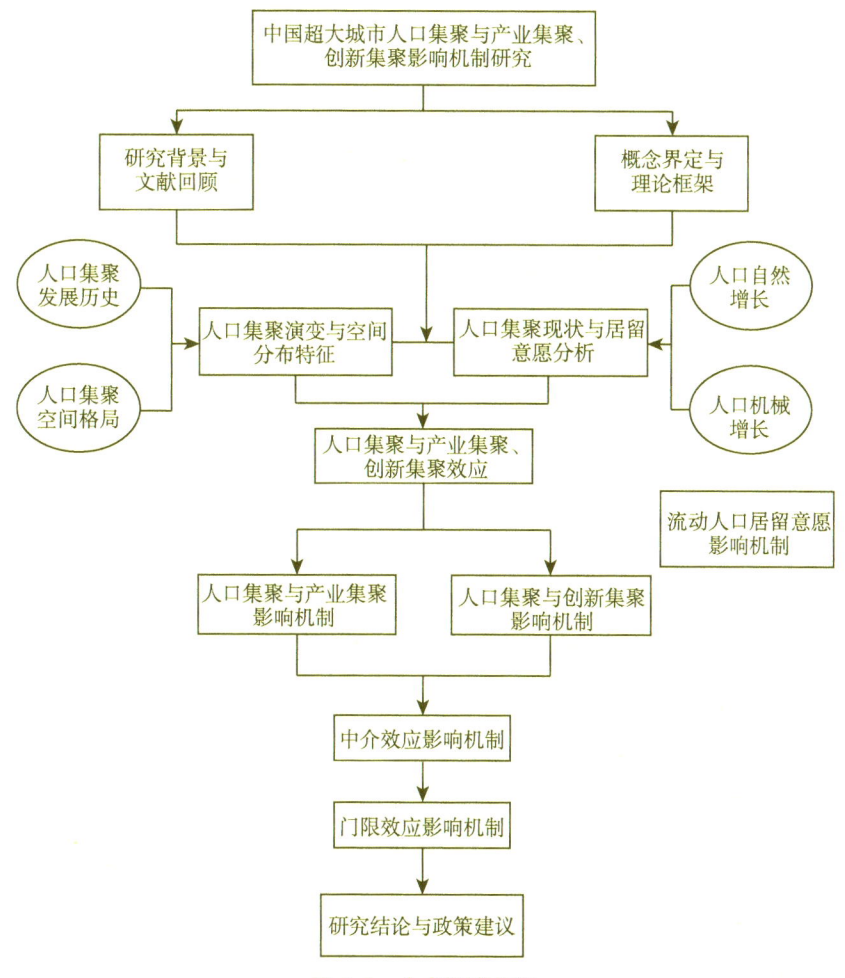

图1.1 本书研究框架

第八章，结论与政策建议。本章分为两个部分，第一部分根据前七章的研究内容，对研究获得的成果进行归纳总结。第二部分根据前文获得的研究结论，提出促进中国超大城市人口集聚与产业集聚、创新集聚协调发展的对策建议，并对今后该领域的研究方向提出了展望。

第四节 创新点与不足

一、主要创新点

从目前学术界现有关于集聚效应方面的文献来看，多数研究将视角集中于人口集聚与产业集聚之间的关系进行探讨，而对于人口集聚与产业集聚与创新集聚之间的研究则相对较少，同时已有研究中多将省级单位作为研究对象，而对中国超大城市的集聚效应研究尚处于有待填补完善的阶段，本书以中国超大城市作为研究对象，通过比较研究和实证研究的方法对人口集聚、产业集聚与创新集聚之间的影响机制进行系统研究，本研究的创新之处归结为以下几个方面。

第一，本研究将研究理论视角设定为中国超大城市人口集聚过程中产业集聚、创新集聚对人口集聚的影响，同时基于面板数据分析结果，进一步分析在创新集聚对人口集聚影响的过程中，将产业集聚作为动态变化指标，分析产业集聚的中介效应和门限效应，以便更加全面综合的考察人口集聚过程中产业集聚和创新集聚的作用影响机制。

第二，以中国超大城市作为研究内容，有助于完善集聚效应之间影响机制的理论体系，将宏观的省级层面数据进行细化研究，可以更加清晰的分析不同城市间的发展差异，在实证研究过程中通过代入人口集聚指数、产业集聚熵指数、专利授权密度等变量，对人口集聚效应发展的影响机制进行较为完善的分析，以求更为准确地估计中国超大城市集聚效应的作用机理，得出了与国内已有研究不同的结论。

第三，本研究在研究方法上采用不同方法进行实证研究，在基于 Arcgis 软件分析了中国超大城市人口集聚现状的前提条件下，利用 SPSS 软件对中国超大城市流动人口居留意愿进行了影响因素分析，同时利用 PAVR 模型分别对人口集聚与产业集聚、人口集聚与创新集聚影响效应进行实证研究，最后由中介效应模型和门限效应模型出发，利用 STATA 软件对进行面板数据分析，分别建立两种模型对人口集聚、产业集聚、创新集聚的综合作用机理进行实证分析，得到比较扎实可信的研究结果。此外本书的研究过程中在基于人口学作为主要学科的基础上，借助地理学、经济学、数学等学科进行学科交叉研究。

二、不足之处

由于我国不同省份间统计数据口径尚有待统一，本研究在数据资料的获得性方面受到较大的限制，目前我国已有越来越多的城市迈入超大城市的行列，但市级层面数据缺失或指标名称存在出入，使得本研究分析时无法选择更多城市作为样本数据加入模型研究。同时受到年鉴数据库更新时间滞后或停止更新的影响，市级数据真正成熟完整的只有1995—2015年的统计数据，为增加研究结论的说服力，在进行综合对比时增加了两个超大城市作为弥补，随着宏观统计数据的整合完善，将更多年份的城市数据加入模型样本中，将有利于完善超大城市人口集聚影响效应的科学分析。

人口集聚效应是一个多角度、多层次的综合性互动结果，产业集聚和创新集聚在影响人口集聚过程中仅发挥着部分的影响作用，而本书在研究过程中没有将经济增长、医疗覆盖、教育资源配给等方面纳入分析框架内，未能全面地分析其他系统对人口集聚的影响作用，进而导致研究结论的非全面性，因此未来研究中可将以上系统纳入影响因素范围，继而完善中国超大城市人口集聚效应的理论深度与研究成果。

第二章 相关基础理论

第一节 相关概念界定

一、人口集聚

人口集聚是劳动者为追求更高劳动报酬和居住条件所进行的自发流动行为，通常表现为社会资源分布不平衡所导致的人口由不同区域向某一特定区域集聚的定居点改变过程，并带来人口由空间稀疏到局部稠密的人口分布改变。通常来说，人口集聚主要受到静态变动和动态变动的双重影响作用，其中动态变动是目前人口集聚过程中最主要的成因，从动态角度来看，部分人口受到特定地区经济的影响。

水平差异等因素的拉力作用影响，自发出现人口流动行为，通过机械增长的方式引起当地人口总量的增长，同时部分流动人口通过加入当地户籍等方式成为本地人口，使人口增长方式由机械增长转化为人口自然增长，进而形成人口在空间上呈现出地区集聚现象。人口集聚是受到人口迁移、人口流动、人口自然增长等因素共同作用的结果，其中人口迁移通常指人口由迁出地向迁入地进行长期或永久居留的空间移动行为，我国通常将户籍地变动的迁入活动定义为人口迁移行为，而人口流动则相反，流动人口通常指未改变原户籍，且在户籍地以外地区进行就业、生活的非本地人口，根据2015年《全国流动人口卫生计生动态监测调查技术文件》定义的流动人口目标概念，流动人口为年满15岁且一个月前来本地居住、非本区（县、市）户口的流入人口，同时在调查时位于车站、码头、机场、旅馆、医院等地点以及在校学生与"半边户"不属于流动人口。从人口集聚量化指标计算方式来看，目前学者（周玉龙等，2015）多采用城镇户籍人口比重与非农人口比重来衡量一个地区的人口集聚程度，或借鉴产业空间集聚指标基尼系数测量空间人口集聚度，同时周玉龙等考虑到常住人口指标存在差异等原因，通过地区生产总值与人均生产之比测定常住人口数量，进而计算一个地区的人口集聚程度①。刘睿文等（2010）认为人口集聚现象的主要表现特征为空间流动性，因此采用某一地区常住人口数量与辖区面积之比除以全省户籍人口数量与建成区面积之比来反映特定地区的人口集聚程度②，具体计算公式如下所示：

$$JJD_i = \frac{(P_i/P_n) \times 100\%}{(A_i/A_n) \times 100\%} = \frac{P_i/A_i}{P_n/A_n} \qquad (2.1)$$

公式中 P_i 为中国某一地区 i 常住人口数量（万人），A_i 为城市 i 的行政辖区面积（km^2），P_n 为全国人口总量（万人），A_n 为国土面积（km^2），JJD_i 为人口集聚度。

在本书中涉及的人口集聚概念，主要以人口自然增长和机械增长作为基础，通过人口密度、人口比重以及人口集聚度指数等指标，讨论中国超大城市人口集聚现状，同时考察其他集聚效应对人口集聚效应的作用影响机制。

二、产业集聚

产业集聚是经济学、管理学、经济地理学等多学科共同关注的热点现象，通常产业集聚包括两种形成模式，一种是满足市场交易条件和信息条件的专业化市场形成后，产业集群逐渐完善聚集的市场创造模式；另一种是市场规模较大的企业通过资本外部迁入的方式，引起同类企业向相同地区聚集的资本转移模式，通常来讲，产业集聚是指同一产业及其配套上下游企业，在拥有交通枢纽节点、廉价劳动力以及原材料供给市场的某一特定区域，进行产业资本在空间内高密度集聚的过程。产业集聚理念首先由马歇尔（A. Marshall，1890）提出，他认为产业集聚具有外部经济效益，同时也具有随企业经营规模不断扩大所带来产品成本降低的内部经济效益，由此提出的"外部经济"和"内部经济"概念开始成为产业集聚理论研究的重要基础。随后韦伯（Alfred Weber，1909）创立了工业区位理论，从经济地理学角度第一次提出集聚概念，他认为产业集聚主要拥有两个阶段，第一阶段为企业自身扩张所引起的产业集中化，第二阶段为市场规模较大的企业集中于

---

① 周玉龙，孙久文. 产业发展从人口集聚中受益了吗？——基于2005—2011年城市面板数据的经验研究 [J]. 中国经济问题，2015（002）：74-85.
② 刘睿文，封志明，杨艳昭，等. 基于人口集聚度的中国人口集疏格局 [J]. 地理科学进展，2010（010）：1171-1177.

特定区域，从而引起其他同类型企业向本区域进行集聚，通过两个阶段的产业集聚过程，分析了同一产业的空间经济区位问题。随后在此基础上，熊彼特（Joseph Alois Schumpeter）、波特（Michael E. Porter）等学者也分别提出创新产业集聚论以及钻石模型等经典理论，为产业集聚理论发展提供了更深层次的探讨。近年来中国学者对于产业集聚理论的研究逐渐增多，范剑勇（2006）发现产业集聚效应在省际之间存在两种不同的情况，但在非农产业分布不均的情况下，都可以将地区差异维持在较高的水平线之上，吴学花等（2004）通过基尼系数等指标对中国制造业集聚状态进行测算，认为中国制造业主要集中于中部沿海地区，且已呈现出较强的集中性，但与国外集聚特征较为明显的产业相比仍有较大上升空间。综合以上分析，本文将产业集聚定义为某一相同产业向特定地区不断汇聚的过程，在汇聚过程中出现的创新效应、竞争效应等，统称为产业集聚效应。

三、创新集聚

创新集聚问题一直以来都是经济地理学领域的研究重点，熊彼特（Joseph Alois Schumpeter）于1912年提出创新在经济发展中的作用后，对于空间视角下的创新研究逐渐开始成为学者关注的焦点（马鹤丹等，2012）。创新集聚的定义主要分为两个方面，一是各组织基于创新活动的联系，二是组织间所形成的网络合作关系。创新集聚与产业集聚之间具有密不可分的关系，对于产业集聚而言，创新集聚更强调科研人员、实验设备以及技术共享平台等创新要素所带来的知识溢出以及技术扩散的空间集中，而空间范围内的人才供给、制度安排等要素则构成创新集聚的外部环境，创新集聚主要侧重于对创新资源的重新整合，打破创新主体各自为战的分散布局，以追求技术共享、知识互换的创新集聚优势。张明倩（2007）通过空间基尼系数，对我国制造业的创新区域集聚活动进行测算，认为从空间性角度来讲，我国制造业创新活动仍存在较大的不均衡性。刘璐（2010）将空间区域作为技术创新的研究方向，认为其既是影响技术创新的主要因素，同时也是技术创新得以实现发展的重要环境，而未来关于创新和空间的关系也将成为创新理论的研究热点。

四、超大城市

超大城市是高活力经济和高规模人口集聚的综合性城市载体，相较于传统城市而言，超大城市拥有更新的城市定位与更为细致的城市功能区分，同时由市场所带来的城市繁荣也让超大城市出现更为严峻的"城市病"挑战。2014年国务院印发了《国务院关于调整城市规模划分标准的通知》，通知中按照我国城市现有人口发展趋势将1989年出台的《中华人民共和国城市规划法》内的城市规模标准进行了重新划分，按照人口规模除小城市、中等城市、大城市、超大城市以外新增城区常住人口1 000万人以上的超大城市定义，由此带来的中国超大城市人口集聚现象开始成为社会广泛关注的焦点问题。截至2018年年底，我国目前共有16个超大城市，除北京、上海、重庆等传统超大城市仍保持强势人口规模以外，西安、武汉等新兴超大城市人口规模依然保持强势增长态势，由此可见，目前我国超大城市快速发展所带来的医疗、教育、就业机会等资源优势对人口集聚的拉力作用必将持续显现。超大城市人口规模的持续增长会对城市发展产生重要影响，因而受到学者的广泛关注，刘厚莲等（2020）通过北京、上海的宏观数据进行实证分析后发现，高素质、非农户人口更倾向于选择核心区进行社会经济活动，而从事现代服务业和一般服务业的流动人口最倾向于流入核心区，行业选择已城市超大城市流动人口进行区域选择的主要影响因素。李君甫等（2020）分析超大城市乡-城与城-城之间的流动人口居住空间，认为流动人口在迁移目的地城市的居住空间与其来源地密切相关，性别、年龄等因素均会对居住空间分布产生显著影响。本书将超大城市细化为常住人口规模超过1 000万人以上的发达超大城市和欠发达超大城市，发达超大城市指社会总产值、国民收入达到一定经济规模的超大城市，如北京、天津、上海、广州、重庆，而欠发达超大城市指常住人口规模达标，但经济发展水平尚未达到一定水平的超大城市，如阜阳市、临沂市等，因此为保证研究的实用性和可参考性，本书选择发达超大城市作为研究样本，以反映要素和资源作用下的城市集聚效应。

第二节　人口集聚的相关理论

一、刘易斯二元经济理论

英国经济学家刘易斯于1954年在《劳动无限供给条件下的经济发展》通过建模分析的手段提出"两个部门结构发展模型"概念，即"二元经济理论"，他在研究过程中将研究视角设定集中于发展中国家农业剩余劳动力领域，并在模型构建中分析了发展中国家剩余劳动力现状以及未来发展趋势，同时该模型重点探讨了人口在农村劳动力转移过程中的替换作用，从而将"零值劳动人口"纳入区域经济学的理论况下内。在刘易斯的模型中，他将发展中国家的经济部分分为以传统农业生产方式为主切具有过剩劳动力的传动农业部门，以及城市中以制造业为主体，且拥有较高劳动生产率的现代工业部门，刘易斯认为，一方面，在现有农村生产模式下，农村拥有大量"零值劳动人口"，且这部分劳动力可以向城市提供接近于无限的劳动力输出补给，从而弥补工业生产中城市劳动力不足的缺陷；另一方面，对于农村剩余劳动力而言，城市工业体系拥有更高的工资水平以及更为充足的就业机会，因此农民会追逐更好的工作待遇，而放弃传统农业生产活动，开始向城市现代工业体系中转移。两种经济结构的单方面转化可以让工业部门以较少的劳动报酬获得大量农村剩余劳动力填充基础工业岗位，从而使得工业部门可以将更多的资本投入到扩大生产经营中，这样一来便吸引更多"零值劳动人口"转移到工业部门中参与劳动，直到两种经济部门拥有同样的边际生产率，农村剩余劳动力下降至最低点，同时城市工业部门劳动力需求趋近于零。

随着二元经济理论逐渐得到学界认可，刘易斯于1972年发表了《对无限劳动力的反思》的论文中，提出了经济发展过程中的两个转折点理论。在经济发展的第一阶段，农村边际生产率为零的剩余劳动力大量向城市工业部门转移后，接近于无限的农村劳动力供给开始短缺，工业部门为吸纳更多劳动力参与到工业生产过程中，在传统农业部门的压力迫使下，开始出现工资上升的趋势，此时开始进入"刘易斯第一拐点"，而在此之后，受到城市收入水平差异的影响，农村边际生产率大于零的农业人口继续向城市工业部门转移，而在农业生产技术不变的前提下，农业人口的持续减少会导致农业总产出减少，从而出现社会范畴的粮食危机现象。在第一拐点出现后，刘易斯模型开始进入到劳动力出现短缺的第二阶段，此时传统农业部门受到技术进步的影响，农村劳动生产率开始出现快速提升，同时释放出更多的农村剩余劳动力，而现代工业部门的快速发展也使得该部门的工资出现上升趋势，最终形成传统农业部门以及现代工业部门的边际产品相等的局面，此时经济的进一步发展会促使城市二元经济结构向一元经济结构转化，进而开始进入"刘易斯第二拐点"，社会经济发展模式进入第三阶段。

瑞恩斯和菲（1969）在刘易斯二元经济理论的基础上，从农业发展以及工业发展的角度对刘易斯模型中的假设进行了进一步修正，其研究指出，随着农业技术科学的进一步发展，农村对基础劳动力的依赖性会持续减弱，同时城市工业部门对农村剩余劳动力的吸纳作用要远高于农村自身的人口增长速度,这两种条件相辅相成,是经济发展进入第二阶段的主要前提条件,也是发展中国家摆脱贫困走上富裕的关键,便是实现农村劳动力向城市工业部门的全部转移,通过劳动人口转移促使现代工业部门上升工资,从而实现两种经济部门的边际生产率持平。

对于刘易斯的经济发展三阶段理论以及刘易斯拐点是否存在,国内外学者尚存在不同争议,蔡昉(2010)通过研究指出,判断刘易斯拐点应从人口红利、社会居民收入分配情况、农村剩余劳动力存量、工资上涨幅度以及制度工资与农业生产率的差异五个方面去判断社会经济发展是否进入刘易斯拐点,而不应单纯地依靠劳动力由传统农业部门向城市工业部门转换的过程进行判断。同时,在对比两种经济部门的边际生产率差距后认为,工资水平的涨幅是受到边际生产率的变化而导致的经济结果,当社会劳动力需求持续增加时,受到农村劳动力数量短缺的缘故,工业部门开始提高工资水平,此时社会经济发展开始进入刘易斯拐点。

二、规模效应理论

亚当·斯密在1776年出版的《国民财富的性质和原因的研究》中提出,国家财富的来源在于资本积累所带来的从事生产的劳动者人数增加,人口规模的快速增长是国家经济发展的本质基础。对于一个国家生产部门而言,人口规模的增长会到来工业生产量以及生产产品的双重提升,同时社会分工的明确化和专业化会带来各部门对剩余劳动力的大力需求,从而进一步推动劳动生产率的提升以及国民个人收入的上涨。随着国民收入的稳定上升,人口对生育行为的节制效应会随之缩小,人口规模得到进一步繁荣,而工业部门受到人口规模红利的影响开始扩大市场规模,在此过程中出现的技术升级以及设备革新则进一步促进了社会分工的专业化,从而推动经济持续发展。

阿弗里德·马歇尔作为英国"剑桥学派"的创始人,在1890年出版的《经济学原理》中同样肯定了人口规模增长对经济繁荣的促进作用,他认为人口规模的增长、社会科学技术的进步以及产业结构的改善会带来社会总体生产规模的发展,人口在自身收入状况改善的激励下会做出反应,投入产业生产中,从而完善社会经济合理性。

凯恩斯(1937)在《人口减少的若干经济后果》中对人口与经济之间的关系进行了更为细致的解释,他认为城市的人口集聚效应会带来物质需求的进一步上升，同时也会刺激产业部门的进一步投资和发展，最终带来企业投资与人口物质需求的相互适应，实现供求平衡，最终带动经济的持续发展。同时，人口集聚所带来的规模经济发展也会带来社会分工的专业化程度上升，产业部门交易成本下降，进而带动社会劳动者劳动效率提升，产品平均成本下降，促进新兴产业发展。

阿尔文·哈维·汉森在 1939 年发表的《经济进步与人口增长下降》中，对凯恩斯的研究成果进行了进一步的补充和完善，并针对经济萧条期和经济成熟期提出了"长期停滞论"，认为社会人口规模的增加或减少会导致城市住房投资的需求上升或社会老龄化程度的加剧，从而导致人口消费结构出现偏移现象，同时人口规模增长会产生更多工业部门所需的劳动力资源，促使产业部门通过技术创新的手段降低资本使用成本，进而推动经济快速发展。对于产业资本的形成方式，他认为在初始资本恒定的假设前提下，通过劳动力人口的扩充以及劳动生产率的提高所带来的促进资本上升，可以被称为资本扩张，而在技术创新停滞，劳动力资源保持恒定的前提下，资本量伴随资本系数的上升而增加时的资本形成，则被称为资本深化。

哈罗德和多马分别于 1939 年和 1946 年在凯恩斯宏观经济理论的基础上，对人口、生产技术等多种可变条件下的社会要素影响经济均衡增长的理论机制进行了更为深入的探索，通过整合经济增长要素，提出以下理论模型：

$$G = \frac{S}{V} \tag{2.2}$$

模型公式中，G 为经济增长率，S 为储蓄率，V 为资本产出比率。模型反应出储蓄率 S 与边际资本产出比重 V 共同决定经济增长率 G。

同时由于经济增长率 G 往往受到劳动力增长和劳动生产率增长速率的约束，因此经济增长率 G 与人口增长率 p 和人均产品增长率 y 的关系为：

$$G = p + y \tag{2.3}$$

根据公式 2.1 和 2.2 可以推导出：

$$\frac{S}{V} = p + y \tag{2.4}$$

公式进一步变形可以得到：

$$S = pV + yV \tag{2.5}$$

因此，在等式（2.4）储蓄率或资本形成率 S 可以分解为 pV 和 yV，其中 pV 代表人口投资率，yV 代表经济投资率。由此可以得到，在其他条件均衡不变的前提下，当人口规模开始逐渐增大，其所需要的资本形成或储蓄要求也就越多，从而导致社会经济增长率也会出现快速上升趋势。

亨德森于1974年在埃文斯模型的基础上，提出了城市体系模型假定，他将社会经济活动与工业部门看做为一个整体集合与城市系统，认为当多种要素均衡时，所有城市都是专业化明确的整体，而专业化等级相同的城市则拥有相同的城市规模，此时当城市规模与城市人口出现不匹配现象时，如果将大量人口迁移至城市规模庞大但人口稀疏的城市中，人口便可以从迁移行为中获益。随后亨德森又根据城市规模与产业类别之间的影响关系提出了新的论点，他认为特定产业与经济外部性之间存在某种依存关系，但决定城市规模的因素往往集中于产业内部，而城市规模的不经济性会导致不存在溢出效应的产业无效集聚，从而无法推动城市规模的进一步发展。

三、人口迁移成因与劳动力市场理论

拉文斯坦于1885年在英国皇家统计协会发表的《迁移规律》中对人口的迁移行为进行了归纳总结，他认为人口迁移行为主要受到迁移机制、迁移结构以及空间特征的影响，并根据三种迁移机制提出了人口迁移七大定律，分别为：①人口迁移行为多受到经济因素的影响，以提高生活质量作为迁移目的。②城镇居民相较农村居民而言迁移可能性较低。③男性倾向长距离迁移行为，女性则以短距离迁移行为为主。④人口迁移行为受到年龄段影响较重，其中青年群体迁移意愿较强。⑤迁移中心行为会显著影响迁移人口的分布数量。⑥乡镇周边地区的人口会填补中心城市的吸纳人口的空缺，这样的填补过程将直到城市吸引力波及到最远的乡镇而终止。⑦迁移的流向往往存在双向行为而存在，每一次迁移行为都将形成逆向迁移行为。拉文斯坦的《迁移规律》将人口迁移行为做出了概括性总结，被认为是最早的人口迁移理论。

赫伯尔于1938年在拉文斯坦迁移理论的基础上，发表了题为《城乡人口迁移的原因》的论文，首次总结了人口迁移过程中的"推拉"理论概念，他认为人口的迁移行为主要是受到迁出地的推力和迁入地的拉力的共同影响作用，而从迁移者决策角度来看，"推力-拉力"理论主要包含两个基本假设，首先是假定人口的迁移行为是一种主观的理性行为，其次是迁移者对于迁移目的地具有足够充分的了解和预期，同时迁移者对于迁出地具有足够的信息掌握力。通过以上两种假设的设定，迁移者可以依据"推力-拉力"理论对自身迁移行为作出相对理性的决策。

Lee 于 1966 年发表了《人口迁移理论》的论文中，对人口迁移行为的"推力-拉力"理论进行了更为系统的总结和完善，在研究中他提出，影响人口迁移行为的因素主要包括与迁入地有关的因素、与迁出地有关的因素、中间障碍以及个人因素四个方面，而人口迁移是以上四个因素的共同作用结果，同时迁移人口在迁移决策过程中会进行"推力-拉力"比较，当迁出地拉力与迁入地推力之和小于迁出地推力和迁入地的拉力之和时，人口会更加倾向于进行迁移行为。

舒尔茨于 1964 年将迁移成本与迁移效率纳入人口迁移理论框架之内，他认为人口迁移成本共分为五个方面，分别是迁移心理成本、个人职业规划的担忧、迁移后的就业压力、对迁出地的思念以及迁移的机会成本，而人口在迁移过程中所获得的生活条件改善、就业收入提高则是人口迁移的收益，理性地人口迁移行为应是人口迁移成本小于人口迁移收益，这样便可以使迁移人口在迁移决策后获得更好的生活水准。

普约尔于 1970 年发表的《双重劳动力市场：理论与启示》论文中，提出了二元劳动力市场分割理论，他将劳动力市场进行重组，分成了劳动密集型部门以及资本密集型部门的二元结构，劳动密集型部门相较资本密集型部门而言，拥有工作不稳定、工资待遇较低、职业技能培训较少、受社会经济波动影响较强等部门特点，而与之相反，资本密集型部门普遍拥有工作保障性较强、工资待遇较高、职业培训机会较多以及受市场经济波动影响力较弱等特点，且部门员工受教育年限较长，成长环境较为稳定。二元劳动力市场对产业部门进行了重新划分，对迁移者的再次就业机会进行了较为详细的定义。

斯塔克于 1991 年提出了新劳动迁移理论，从而将人口迁移理论研究推上了新的高度，他在研究中指出，人口的迁移决策及迁移行为是由家庭作为的单位而决定的，在此过程中迁移家庭会尽可能地规避迁移风险，同时将迁移收益最大化，而这两种迁移动机会对家庭成员的流入以及流出产生重要的影响作用。斯塔克和泰勒以墨西哥作为研究样本，发现城乡间的农村劳动力迁移现象是由当地与城市的预期收入差距，以及迁出地的经济地位变动和迁入地的经相对经济地位变动所共同决定的。

沃尔特（2010）通过中心地理论将城市等级进行了新的排序，他将市场、商品以及消费作为研究视角，论证了人口规模与受教育年限对于商品在中心地的消费水平，在研究中同时指出，新中心地的位置选取将根据人口规模的发展情况作为影响标准，人口规模增长较慢的地区会依据市场原则进行新中心地选址，而人口规模增长较快的地区将依据当地交通要素发展情况进行选址。中心地理论将城市等级概念引入城市规模空间关系的体系中，从中心位角度进一步阐述了人口迁移对城市规模的影响作用。

第三节 产业集聚的相关理论

一、新古典学派

马歇尔作为新古典经济学的代表人物，在1890年出版的《经济学原理》中对产业集聚的形成机理、发展状态以及企业环境等因素做出了综合性的论述。马歇尔认为，城市工业分布产生的原因主要是受到城市区域内客观自然环境以及高阶层人群对优秀产品的需求所导致的，其中客观自然环境因素包括区域内矿产资源分布、水资源分布、土壤条件、自然气候等因素，同时区域内交通条件等主观因素也是影响工业分布的原因之一。在地方性工业形成原因的基础上，马歇尔进一步对工业的优势效果以及对经济的发展作用进行了论述，他认为单一工业部门在本区域内的产品数量提升，依赖于企业家对于本部门的投资资本量，当投资资本量不足以满足工业部门产品生产规模时，地方工业辅助部门会通过分工需求的途径对该部门进行补充和供给，从而达到满足生产过程的目的，同时辅助部门的行为也会激励其他设备成本较高、磨损率快的工业部门去维持其原有机械使用效率，以保证主要工业部门的高数量产品生产。在工业部门区位选择方面，马歇尔认为单一工业部门在进行区位选择后，会更加倾向于设立时间较长、行业成熟度较高的特殊区位，在该区域内相同的工业部门会通过技术交流、知识传递等方式促进彼此利益增长，而在此过程中，企业管理技术改良、工业技术升级、机械设备革新等多种溢出效应将会大幅度出现，进而带动本区域从事原材料供给的辅助工业部门以及从事交通运输服务的工业运输部门发展。而在工业部门选择区位时，劳动力专业技能分布同样是工业部门考虑的主要因素之一，企业在同等自然因素的基础上，更加倾向于选择拥有较多专业技能劳动者的区域内进行区位规划，而劳动者也更加倾向于选择工业部门集中的区域进行就业选择，二者形成了一个良性循环的供需市场机制。由此可以发现，产业部门集聚的形成动机主要包括生产分工专业化、工业区域成熟化以及劳动者素质专业化三种因素，而在随后空间经济学发展过程中，克鲁格曼以及迪克西特分别通过空间产业集聚以及"中心-外围"模型将空间要素纳入现代经济学框架内。

胡佛于1975年出版的《区域经济学导论》中,首次提出最佳集聚规模概念,他以自然资源、集中经济以及交通运输作为研究主线,对产业的空间区位结构进行了综合性的论述,认为空间区位结构拥有两种表现形式,即产业集聚形态与产业分散形态,而两种不同的形态结构是受到多种决策单位共同作用的综合性结果。对于产业区位结构形成的原因,胡佛主要归纳为三种因素,首先,产品的销售市场以及原材料供应市场主要集中于某些少量特定的区域。其次,产业集聚具有较强的经济外部性,产业集聚区域内的产品具有替代性强、差异性大等特点,并通过优越的企业选址以及展览会等形式进一步加大市场的吸引作用,从而形成更为成熟的产业集聚效果。最后,产业集聚会减少企业信息获取成本以及交易风险,同时通过加速专业化分工进而降低产品交易成本。

生产中的集聚性经济是城市经济发展的重要来源之一,相较于静态外部性而言,动态外部性更加倾向于通过知识外溢效应而研究产业集聚对区域经济增长的影响机制。知识外溢效应依据产业内部发生情况共分为Jacobs外部性、MAR外部性以及Porter外部性三类,主要描述企业内部的知识技术通过多种渠道向其他企业扩散,推动区域内其他行业共同提升生产效率、加速产品技术创新的知识外溢性现象。

Jacobs外部性由学者Jacobs(1969)提出,该理论认为创新的产生主要依靠外部经济单元之间的知识交流,而区域内部或区域相邻的产业之间可以用过多样性以及互补性的特点对产业知识进行传递,进而促进产业的知识升级以及技术创新。与MAR外部性不同,Jacobs外部性更加强调区域内多样化对企业创新的推动作用,而MAR外部性则强调区域内垄断对产业发展的促进作用,MAR外部性认为区域内的产业垄断机制可以保证产品知识的专利性,从而促使产业研发人员独占现有研究成果,在此基础上推动产品技术的再次研发,而Jacobs外部性则认为区域内的不同产业之间存在"相互孕育"效果,通过企业竞争动力、行业知识交流等方式推动各经济单元的技术创新,从而稳固本区域内企业处所的行业地位。

MAR外部性也被学界称为MAR溢出或专业化外部性,其主要核心为产业专业化,溢出概念最早由马歇尔在其出版的《经济学原理》中首次提出,并将溢出概念等价于外部性概念。随后艾柔(1962)通过"干中学"以及"学习曲线"概念的定义,将知识溢出效益对经济学的贡献作用做出了专业化的解释,他认为知识作为企业投资的附带产品,具有溢出效应的特征,同时投资所带来的溢出效应既可以保证企业通过生产经验的累加而提升单位劳动成产率，也可以对其他企业形成知识溢出，从而促进整个行业生产效率的提升。罗默于1990年基于艾柔的内生技术进步理论，发表了题为《内生技术变革》的论文，他指出知识与其他产品的本质区别在于知识拥有溢出效应，企业在生产过程中所获得的知识技术可以通过多种渠道作用于社会整体，从而提升全社会的劳动生产效率，进而规避了资本边际生产率因为固定生产率的存在而无法降低的情况。在上述三位学者的研究中可以总结发现，他们共同认为工业部门内部的专业化产业集聚会对经济增长产生直接有效的贡献价值，当相同区域内企业生产技术水平相同或差距不大时，企业之间可以通过技术人员的知识共享与技术传递帮助知识产生溢出效益，从而促进相同工业部门的技术革新与生产规模扩大。而MAR外部性同时也肯定了产业垄断对企业发展的贡献作用，该理论认为相比企业竞争而言，企业垄断有助于刺激企业内部科研人员进行再次创新，从而进一步扩大垄断企业的垄断利润，而企业竞争会带来工业部门内部企业的恶性价格竞争现象，使研发人员无心顾及新产品的研发工作，进而限制了区域内部知识的创新和发展。

Porter外部性由波特于1990年提出，该理论着重强调了竞争与集聚专业化对创新的竞争作用，他认为企业之间的知识溢出效应会受到区域内部工业部门的大量集聚所影响，而与之形成的企业竞争与垄断会对知识溢出的传递效果产生正向或负向的影响作用，同时Porter外部与Jacobs外部性观点相似，两种理论都认为企业在区域内集聚竞争可以降低企业的信息获取成本，有助于企业摸清产品市场动态走向，进而帮助企业获取更高的市场份额，由此可见，Porter外部与Jacobs外部性共同认为市场竞争是企业之间知识创新的主要动力。

二、空间经济学理论

德国经济学家杜能作为空间经济学的鼻祖，于1826年出版的《孤立国同农业和国民经济的关系》中，首次提出古典区位理论的孤立国学说，杜能将孤立国状态下的土地使用分配权作为研究视角，对农业生产方式以及城市中心距离之间的影响关系进行了综合性论证，他认为农业生产布局的基本形成形式为同心圆状态，同时传统农业部门的竞争关系是由其自身自发而成的，尽管杜能将农业生产与城市距离首次纳入区位经济学理论框架内，但其提出的孤立国模型仍存在部分短板与不足，即城市选址的外生属性，无法全面的解释城市内生条件下的农业生产分配问题。在后续关于区位理论的研究探索中，学者们尝试通过外部经济理论对孤立国模型进行完善和补充，然而由于产业集聚成因的描述行为均建立在理论化的基础上，而无法将分析空间方法纳入到模型分析中，因此关于产业集聚的动因研究仍缺少系统完善的理论框架。

韦伯与克里斯塔勒将研究视角集中于产业布局领域，并通过分析工业区位选择，将空间经济学领域的研究推向了一个全新的高度，韦伯于1909年出版了《工业区位论》，书中首次提出"工业区位论概念"，他认为工业部门进行选址时应当选取拥有广泛分布原料的地点，以及拥有高密度消费区的地点，这样既可以降低原材料获取成本，也有助于产品进行销售，从而降低产品的运输成本，工业区位论详细地描述了工业部门的选址要素，成为了空间经济学中重要的流派之一。克里斯塔勒于1933年在《德国南部中心地原理》著作中，首次提出中心地理论，该理论认为城市是向周边地区提供服务和商品的载体，中心地应建立在国家交通枢纽的位置，以便提供更为广泛的服务与产品，同时中心地依据提供商品和服务的种类，存在高级商品中心和低级商品中心两种等级，高级商品中心数量少，提供的商品档次较高，主要包括高档消费品、宝石等深加工产品，而低级商品中心分布较广，服务范围较小，主要包括食品、水果、日用品等初级加工产品。俄林于1931年发表了题为《区际贸易与国际贸易》的论文，在区位理论的基础上将国际贸易进行整合研究，认为企业间的自由竞争现象是具有普遍价值的，同时商品要素间的流动性拥有绝对的自主化，在此基础上，俄林认为目前现有的国际贸易理论与区位贸易理论具有相同的理论基础，但相较国际贸易理论而言，区位贸易理论具有更为广泛的研究视角。艾萨德被誉为空间经济学创始人，他在1956年出版的《区位与空间经济》一书中，将杜能、韦伯与克里斯塔勒等人关于空间区位经济学的研究进行了框架整合，认为工业部门的选址过程是为了实现工业部门利益最大化与生产成本最小化的最优决策结果，工业部门产品生产后送到消费地时的运输成本是企业选址时必要地考虑要素，随着地域分工的不断深化，工业部门选址时应考虑原材料获取与产品运输等经济要素，从而为工业部门获得更为高额的利润与市场份额。伊特韦尔于1987年在《新帕尔格雷夫经济学大辞典》中将空间经济学进行了明确的概念定义，他认为空间经济学主要是指经济活动的空间区位决策与必要稀缺资源的空间范围内配置，空间经济学的定义，也为未来学者研究空间经济现象与规律提供了切实有效的研究方向。

经济地理学将人类经济活动与地域性作为主要研究内容，在研究生产、交换、消费等经济活动的同时，也对工业部门的结构、规模、发展以及区域布局进行了综合性论证。作为新经济地理学的代表人物，克鲁格曼于1991年发表的《经济地理与收益递增》论文中，将新经济地理学与新贸易理论进行了整合研究，并提出了经济决策者理性假设、均衡理论假设与核心-边缘模型，克鲁格曼认为，在社会贸易发展的初级阶段，贸易自由度与初始贸易条件较差，人口与工业部门的分布呈现无规划的分散型模式，而随着社会贸易进入中级阶段，工业部门间的商品运输成本开始出现下降趋势，人口与工业部门的分布开始向集聚化转换，但转化幅度较慢，仍基本保持分散型模式，当城市交通运输条件得到大规模改善时，社会贸易发展逐渐进入高级阶段，此时工业部门会开始向某一特定区域进行集聚，而通过集聚过程该地区工业生产优势也将进行进一步强化，从而形成以传统农业部门作为城市外围，现代工业部门作为城市中心的核心-边缘模型。克鲁格曼的核心-边缘模型将交通要素的发展作为工业集聚的影响要素进行分析论证，为经济地理学的发展提供了巨大的理论启示作用。此后多位学者在克鲁格曼的核心-边缘模型基础上，对该模型进行了完善与补充，其中自有资本模型、自由企业家模型以及资本创造模型等都对经济地理学的发展起到了至关重要的推动作用。

第四节 创新集聚的相关理论

一、创新系统理论

马歇尔于1890年出版的《经济学原理》中，不仅对产业集聚理论、人口集聚效应、产业集聚效应做出了综合性的解释，同时也在研究产业集聚的理论框架内，对创新效应以及创新环境的发展效果做出了重要的理论解释。马歇尔认为，在某一特定区域内，产业集聚的发展可以为当地创造出优秀的创新环境，而在这种环境中，企业之间通过彼此竞争与合作，充分发挥知识的外溢效应，从而将改良和创新的生产技术可以得到最大范围的传播，在后续的创新理论发展中，学者们将创新系统归纳拥有为三个要素、三个领域与三个功能的有机整体，其中三个要素分别为创新主体、创新文化与创新网络，三个领域包含社会领域、经济领域与技术领域，而三个功能则分别为知识功能、产品功能与效益功能。

熊彼特在1912年发表的著作《财富增长论》中，对创新理论进行了全新的定义，熊彼特认为创新是以建立全新生产函数作为目的，通过将全新的生产要素与生产条件纳入现有的生产体系中的企业经济活动，同时生产要素和生产条件共分为五个方面，分别是新产品的研发和创造、运用全新的技术手段、开拓未被开发的市场、获取新的原材料供给以及设立新的企业组织形式。熊彼特将生产要素与生产条件定义为"新组合"，而"新组合"的现实表现则是企业、企业家在经营管理企业时，对"新组合"的执行程度关乎到企业创新的实现程度。由于创新活动具有极强的特殊性和特殊价值，因此熊彼特强调企业家是创新活动的主体，而非忽视了研究人员的价值作用，因此熊彼特创新理论在指导实际生产创新中也具有一定的理论局限性。

库克于1992年发表的《区域创新系统、集群和知识经济》论文中首次对区域创新系统概念进行了定义，他认为区域创新系统是多个主体相互分工并拥有彼此关联性的组织体系，创新活动是由体系内部企业、教育机构以及政府等多个主体共同实现的，而区域创新系统则包括地理性和网络性的特征，库克认为在特定区域内部，地理位置相邻的企业之间拥有专业分工和相互合作的依存关系，并且与当地科研院所与教育机构一同实现区域创新系统的构建。在库克区域创新系统况下内，他认为创新主体之间具有交互性和根治性两种性质，其中交互性表现在区域创新系统内部的创新主体之间拥有彼此合作的关系，从而在合作的过程中产生企业之间的交互效应，而根治性则表现在创新主体在现有制度约束下，按照既定的规则以及价值观形成交互性学习，对创新活动具有制度环境约束作用，而在此过程中创新主体具有自身条件素质所决定的特殊学习方式，因此其创新过程较难被相同部门进行完整复制。

阿斯海姆和伊萨克森在1997年发表的《位置、集聚与创新：走向挪威的区域创新体系》中通过分析市场竞争动态刺激企业采取创新活动的研究中指出，环境要素在企业创新中主要出现两个创新结果，分别是市场对创新发出的邀请信号结果以及创新对企业生存的决定性结果。同时通过对这两种结果的影响效应与YOYO模型进行研究后发现，需求增长、亲和力、网络以及政府部门政策是企业创新的四个决定性因素。阿斯海姆的创新理论将创新主体的多样性进行实证研究，使政府机构在创新过程中的要素作用更加明确。

奥提奥于1998年发表题为《区域创新体系中RTD的评估》的论文中，着重评估了区域创新体系中的研发与技术开发要素（RTD），他认为区域创新系统是社会系统框架内拥有的诸多子系统之一，并且在这些子系统相互作用下共同推动了社会系统的创新与发展。而在创新系统中包含创新主体和创新环境两个方面，其中创新主体内包含两个独特组成部分的子系统，并通过多种创新要素之间共同协调对创新主体产生影响，而在知识开发子系统中供应商、客户、合作方、竞争者以及企业等五种要素，依靠外围中介结构对知识进行发散和溢出，从而在社会系统内部实施知识传导功能。

伊萨克森等于2001年在《奥斯陆：创新城市以什么方式？》文章中对区域创新系统做出了全新的解释，将奥斯陆地区作为研究样本，认为创新系统中企业、教育机构等经济主体内部，政府部门对区域创新发展具有显著的影响作用，政府部门通过制定相应政策法规，对创新活动发挥支持或约束作用。而在当地现有政策条件下，创新服务结构用过资金支持、简化服务流程等方面采取措施，对创新活动进行保障，从而推动当地创新活动的顺利开展。阿斯莱森的区域创新理论不仅将创新视角集中于创新主体的共线性，同时也将创新服务领域的影响作用纳入到区域创新研究的理论框架之内。

阿斯海姆与伊萨克森在2002年发表的《区域创新系统：本地黏性与全球无处不在知识的整合》中以挪威造船业、机械工业和电子工业区域集聚为研究对象，认为区域创新系统中的主体可以分为主导企业与服务机构，其中主导企业在进行产业研发的过程中，离不开服务机构的资金支持与政策支持。在这样的理论体系下，阿斯海姆和比约恩将金融机构与政府部门为主的服务机构引入到区域创新系统内，与上文中描述的阿斯莱森相同，三位学者共同认为创新产品与技术的发展不应单纯考虑企业创新主体，而应将外围服务机构纳入到区域创新系统的研究理论框架内，以便更为宏观的解释现实产业创新发展问题。

多勒若在2002年发表的《我们应该了解的区域创新体系》论文中，围绕区域创新系统理论角度、发源形式、存在形式以及理论解释盲区四个角度进行了论证分析，他认为区域创新系统是在基础设施和生产系统中自然产生的，而企业研发创新能力的高低是由经济的创新绩效所决定的。在创新系统内部，各组织机构与个人之间存在相互作用的关联机制，二者在既定的法律制度下通过员工人际关系进行知识传播与知识应用，从而实现企业技术创新。

二、经济增长理论

古典经济增长理论强调在经济增长过程中，储蓄和投资起到的主要作用，并认为储蓄和投资是推动经济增长的主要动力。

古典经济增长理论的代表人物亚当·斯密在其著作《国富论》中详细分析了资本与经济增长的相互作用。将财富增长的因素归纳为劳动分工和资本积累。同时,亚当·斯密认为这资本积累和劳动分工存在着密切的关联,即资本积累在前,劳动分工在后。资本的积累程度越高,劳动分工越垂直,劳动分工的垂直化必然带来生产效率的上升。由此可见,以资本积累为前提的劳动分工垂直程度最终决定国民收入的增长。亚当·斯密认为,在国民财富方面,促进经济增长的关键因素在于资本的初期积累和形成。

要想实现国民财富的提升,有两条路可行:增加劳动者数量和增进生产力。劳动者数量的上升要以资本的积累为前提,否则劳动者的工资就会受到影响;生产力的成长需要升级生产资料,即购入新机器,同时减少劳动时长。若无法购入新机器,则必须升级现有的生产设备,以提高劳动分工细分程度以及工作效率。综上所述,亚当·斯密所追求的经济增长不可避免的需要完成前期的大量的资本积累,无论是向外扩大还是向内扩大,资本积累带来的投资才是经济增长的决定因素。由此反推,若资本积累的速度无法保障,投资的停滞必然会导致经济增长速度的放缓。然而,作为经典的古典经济学理论,亚当·斯密同样受到时代印记的限制,其理论局限性在现代社会已经逐步显现。其中"资本"在亚当·斯密的年代多指物质资本,且理论的前提假设为"资本的边际收益是递减",由此推断而来的经济停滞几乎不可避免。

其后,马尔萨斯从人口的角度进一步解释了古典经济增长理论,阐述了人类基于不同的历史发展时期所产生的对生产与分配生活资料的巨大差异。马尔萨斯发现,由于人口的几何级增长这个本质属性,生产资料增长的速度一定会落后于人口增长的速度;而同时,土地报酬不断递减,则生活资料的增长只能维持较慢的算数级,相对来讲,土地所能承受的单位人口就几乎确定,而单位人口所需的单位生活资料便逐渐贴近生存线。同样的人口规律也适用于工资水平。假设 A 国的生产资料仅足以为继最低水平的国民生活,但人口的增长速度仍然会超过生产资料的增速,则工人的供给端会逐渐与需求端产生落差,单位工人的工资水平被迫下降,国民生活水平被迫降低。这时候,由于劳动力的廉价,为了获得更多的工资,工人会主动增加工作时长来赚取额外的收入,资本家在廉价劳动力的促使下将扩大生产,生产资料由此重新开始流动,资源的流动带来了新的增长和就业机会,劳动力价格回升,生活水平改善,经济再次进入稳态。如此循环,周而复始。

随着商业社会的不断发展和古典经济增长理论的广泛传播,学术界逐渐转换了观察经济增长的视角，在之后的几十年里，微观视角开始得到重视，人们开始深入研究财富的生产和分配，而非传统的宏观经济增长理论。这样的浪潮持续到的第一次经济危机和凯恩斯《通论》的发表，人们对宏观经济增长理论的热情才再次被点燃。在此时，基于凯恩斯的经典理论，哈罗德—多马经济增长理论通过数理模型的构建，从投资供给与需求效应出发，进一步探讨了影响经济增长的多方变量的相关关系。

哈罗德-多马模型很快成了影响经济学发展历程的经典模型。哈罗德-多马增长模型将凯恩斯理论中的长期化、动态化被与储蓄率、资本产出率和经济增长相结合进行讨论，即当资本产出不变，经济增长率和储蓄率正相相关，而两者均衡时，储蓄率与投资率正相关，此时储蓄与投资高度相关，两者共同促进经济增长。模型的理论贡献因对凯恩斯理论的修正而更加被学者们认可，它将原凯恩斯理论中的动态化和长期化加入了时间的维度，且整理了经济增长、储蓄和资本产出这三者的相关关系，对后续的研究起到了重要的参考作用。虽然模型中所提出的"均衡经济增长状态"处于理论阶段，无法在现实中发生，但仍然对国家的政策制定提供了一定的借鉴。

"二战"后，世界经济格局重新洗牌，此时的新剑桥经济增长理论初见雏形，与之相对的是以马歇尔为代表的老剑桥学派，即新古典理论。新剑桥学派扎根并生长于新古典学派，其模型构建、理论基础均来源于同一根基，国民收入受到资本和劳动力之间波动的影响，进而影响了储蓄和经济增长。其中，模型中较为明显的特征为：①储蓄决策与投资决策相对独立，相互不受影响，且两者间在实际生产过程中并不均衡。②储蓄函数与收入分配密切相关，且模型中多数都引入了储蓄函数这一变量。③与新古典理论中所隐含的"资本与劳动力可互相替代的"假设相悖的是，新剑桥经济增长理论的"生产要素并不可被完全替代"。然而，新剑桥学派内部也并未达到完全的统一，卡尔多探索了经济增长过程中是否能够在充分就业的前提下，自动达到稳定均衡状态；罗宾逊则认为充分就业并不能成为基础假设。

新剑桥学派强调了收入分配在经济增长中的作用。学者们认为，收入差距的缩小可以预防生产相对过剩带来的经济危机，而具体的实施应由政府主导（社会主义国家政府更适用于这类型的政策手段），通过提高劳动力的工资水平，以政策手段对资本家和工人的收入进行统一调配来达到收入差距的缩小。虽然新剑桥学派的主张被诟病为理想主义和改良主义，且在资本主义的商业社会很难推行，但他们对于收入分配的思考以及经济增长之间关系的分析却具有实践和理论的启示性。

三、新经济地理理论

在经济地理学中，经济集聚通常来自空间集聚，而空间集聚通常来自于两种促进因素，即"经济关联"和"知识关联"。经济关联指传统经济活动产生的关联，主要体现在生产、交换商品和服务上；知识关联指由知识创新和扩散带来的关联。与经济地理学不同的是，主流经济学往往更倾向于使用知识创新和扩散来解释空间集聚。此外，新经济地理学对于"溢出"的解释也与主流经济学有所出入，新经济地理学中的溢出多为一种被动的影响，与其相关的"外部性"这一概念长期以来都难以得到很好的解释，因其维度包含相对复杂，创新和扩散很难解释其中的集聚效应，"知识关联"在这里便显得更为适合。

贝里安特等通过动态的 TP 模型对"知识关联"进行了更为详尽的阐述。模型构建了知识创新和扩散的过程模型，通过对区间内知识关联的描述来解释创新集聚。在 TP 模型中拥有不同的区域划分，若区域 A 中的知识创新效率较高，区域 B 中的效率较低，那么效率的落差就促成了合作的可能性。知识创新的效率会在 AB 两个区域之间流转，由高处流向低处，流转形式通常表现为"区域移民"，即区域之间出现的人员流动；区域间最终达到动态的、多元形式的平衡，而区域 A 的效率也会在流转过程中得到加强。区域内的知识在流动的过程中得到丰富和增加，但随之而来的却是创新性的降低，如此流动会导致新的跨区域合作的产生。区域移民在跨区域交流中逐渐带来了知识关联，创新效率较低的区域 B 在知识关联产生后，其创新规模将会得到扩大，向心力和凝聚力也得到加强；而创新区域较高的流出区域 A，其知识创新转变为中间产品并投入生产，由此而来，区域 A 和区域 B 便产生了经济层面的链接。由此，区域 B 产生了创新集聚，关键技术人员和研发部门在不断的聚集中不断迭代合作形式、提高生产效率。原先创新效率落后的区域 B 成为了新的创新集聚区，人口和创新不断从区域 A 流动到区域 B，区域 A 逐渐被边缘化，区域 B 逐渐成为知识创新的核心区域。

第三章 中国超大城市人口集聚时空演变及空间分布特征

第一节 中国超大城市人口集聚发展历史

目前，伴随着我国经济的快速腾飞，超大城市的人口集聚现象开始出现日趋显著的增长趋势，本章选取北京、天津、上海为例对超大城市人口集聚发展历史及分布进行回顾与分析，既由于这三个城市在中国近代百年发展史中扮演着不可或缺的历史地位，也由于北京、上海分别从政治、经济的角度代表着中国北方、南方的传统超大城市，而天津作为新兴超大城市的代表，也是我国海上丝绸之路的战略支点以及"一带一路"的主要交汇点，正在扮演着中国经济发展中不可或缺的重要角色，因此将北京、天津、上海作为超大城市的代表性城市，以期综合回顾中国超大城市的人口集聚发展历史及现状。

一、北京市人口集聚的发展演进

北京作为我国的首都，是我国北方重要的经济、文化、创新中心，北京市人口集聚发展演进总共分为六个阶段。

1949 年，北京市常住总人口为 420.1 万人（图 3.1）。

1949—1954 年，人口缓慢增长阶段。1949 年之后，北京市获得了和平良好的发展环境，人口由 1949 年的 420.1 万人增长到 1954 年的 555.7 万人，年均增长 27.12 万人。

1955—1957 年，人口增长下降阶段。三年间北京市人口下降至 415.4 万人，其中 1955 年常住人口最低，为 328 万人。

1958—1985 年，人口持续增长阶段。到 1985 年年底，北京市常住人口为 989.1 万人，年均增长 21.2 万人。

1986—2000 年，人口波动增长阶段。随着计划生育政策的进一步推进，

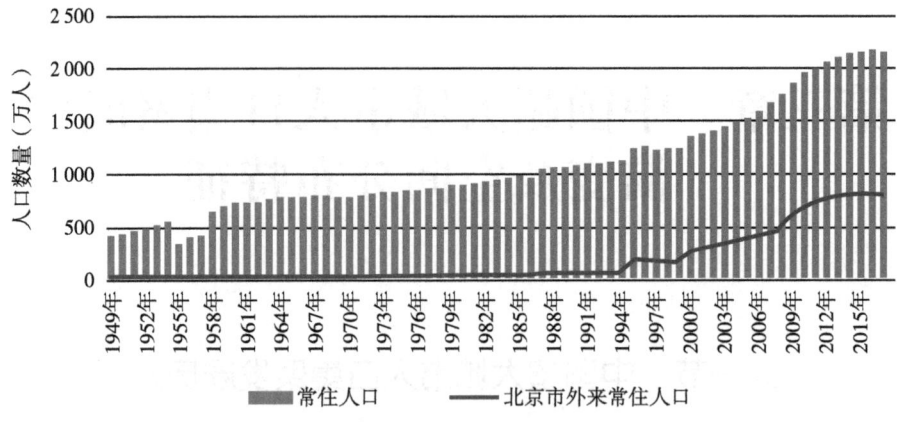

图 3.1　北京市人口集聚发展进程

北京市自然生育率出现下降趋势，同时改革开放带来大量流动人口向北京进一步聚集，北京外来人口数量出现快速增长状态，到 2000 年年底，北京市常住人口达到 1 364 万人。

2001—2016 年，人口快速增长阶段。北京人口集聚现象进一步显著，北京市常住人口由 2000 年的 1 364 万人上升至 2016 年的 2 173 万人，市内常住人口增长 59.3%，年均增长 50.5 万人。

2016 年至今，人口缓慢下降阶段。2017 年北京市出现户籍人口、外来人口双下降趋势，2017 年年底北京市常住人口为 2 170.7 万人，相较上年人口下降了 2.2 万人，其中外来人口数量为 794.3 万人，占北京市总人口比重由上年的 37.2%下降至 36.6%，同时 2017 年北京市户籍人口为 1 359.2 万人，相较上年减少 3.7 万人。

从 1978 年改革开放开始，北京市人口总数出现快速上涨趋势，人口规模不断扩大，从表 3.1 中数据可以看出，北京市总人口由 1978 年的 872 万人上升至 2017 年的 2 171 万人，39 年内增长了 1 299 万人，占全国总人口比重也由 0.91%上升至 1.56%。受到城镇化多项政策以及经济发展的影响，北京一直以来便是我国人口密度较高的城市之一，1978 年北京市的常住人口密度为 519 人/平方千米，而 2017 年北京市的常住人口密度上升至 1 323 人/平方千米，人口密度上升幅度达到 254%。同时随着北京经济的快速发展，北京市外来常住人口比例逐年扩大，由 1978 年的 21.8 万人上升至 794.3 万人，年均增长 19.8 万人，1978 年北京市外来人口比重仅为 2.50%，而在 2017 年年末外来人口比重则上升至 36.59%，虽近年来常住外来人口受到人口疏解政策影响呈现出下降趋势，但常住外来人口仍是北京市人口集聚的重要组成部分。

表 3.1　北京市人口增长状况

年份	北京市人口总数（万人）	占全国总人口比重（%）	常住人口密度（人/平方千米）	北京市外来常住人口（万人）	常住外来人口比重（%）
1978	872	0.91	519	21.8	2.50
1988	1 061	0.96	631	59.8	5.64
1998	1 246	1.00	741	154.1	12.37
2008	1 771	1.33	1 079	465.1	26.26
2017	2 171	1.56	1 323	794.3	36.59

资料来源：1978—2017 年《中国统计年鉴》。

北京市作为全国政治、文化中心，拥有较为优质的教育资源，因此北京市户籍人口受教育程度不断提高，同时北京大力推进产业升级，多家高新技术企业在京落户，各地受教育程度较高的流动人口不断向北京集聚，致使近年来北京综合人口素质不断提升。

表 3.2 为 2011 年至 2017 年北京市常住人口与全国人口受教育程度对比，可以看到 2011 年北京市常住人口中未上过学的比例为 1.86%，远低于全国平均水平，同时北京常住人口中具有大专及以上学历的人口占总人口比重的 33.94%，远超全国平均水平 10.06%。随着北京疏导非首都功能政策的出台，北京市常住人口受教育深度进一步得到优化，在 2017 年年底，北京市未上过学的常住人口下降至 1.51%，低于全国平均水平 3.77 个百分点，同时高学历人口进一步集聚，同年北京市常住人口中拥有大专及以上学历的人口占总人口比重上升至 47.61%，是全国平均水平的 3.43 倍，由此可见，高学历人口受到北京经济发展以及优惠政策的"拉力"，不断向北京集聚。

表 3.2　北京市与全国人口受教育程度对比　　　　　　　　（单位:%）

受教育程度	2011 年		2013 年		2015 年		2017 年	
	北京	全国	北京	全国	北京	全国	北京	全国
未上过学	1.86	5.50	1.67	4.99	1.95	5.69	1.51	5.28
小学	10.56	27.57	10.17	26.36	10.31	26.22	9.08	25.23
初中	31.54	41.41	27.01	40.81	25.34	38.32	22.52	38.06
高中	22.10	15.46	19.95	16.52	20.07	16.44	19.28	17.55
大专及以上	33.94	10.06	41.21	11.32	42.34	13.33	47.61	13.87

资料来源：2011—2017 年《中国统计年鉴》《北京统计年鉴》。

二、天津市人口集聚的发展演进

天津作为我国北方重要的门户城市，拥有着悠久的人文历史和优越的区位优势，从 1967 年天津被恢复为直辖市以后，天津市人口总量呈现出稳步增长趋势，天津市人口集聚发展演进总共分为四个阶段。

1978—1990 年，人口持续增长阶段。随着改革开放政策的制定，天津市常住人口进入稳步增长时期，天津市常住人口由 1978 的 724.27 万人增长到 1990 年的 884.03 万人（图 3.2），年均增长 7.26 万人。

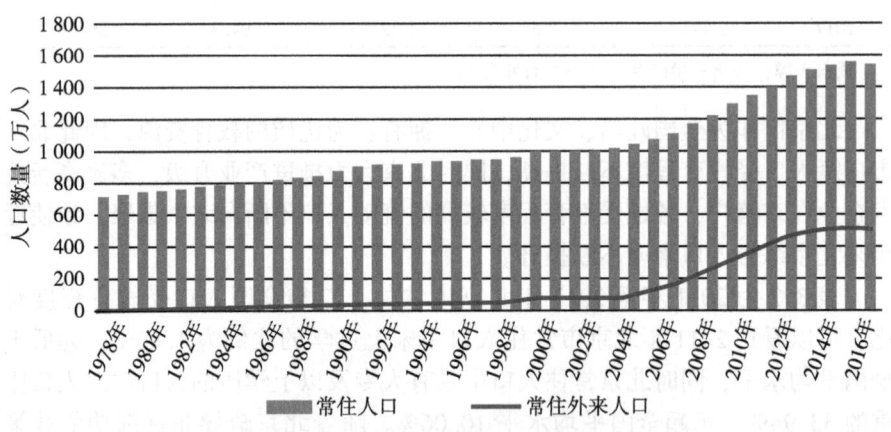

图 3.2　北京市人口集聚发展进程

1991—1999 年，人口增长放缓阶段。到 1999 年年底，天津市人口共有 959.48 万人，相较 1991 年相比，年均增长 6.32 万人。

2000—2016 年，人口快速增长阶段。由于大量外来常住人口向天津市集聚，天津市人口进入快速增长时期，市内常住人口由 2000 年的 1 001.14 万人增长到 2016 年的 1 562.12 万人，天津市常住人口增长 56.03%，年均增长 35.06 万人。

2017 年至今，人口缓慢下降阶段。受到户籍政策等因素影响，天津市外来常住人口呈现出下降趋势，2017 年年末，天津市总人口为 1 556.87 万人，相较上年减少 5.25 万人。

天津是我国北方重要的直辖市之一，自成立以来一直承担着北方经贸门户与北方国际航运核心区的定位，受到政策、区位等优势的拉力，天津市自改革开放以后人口集聚现象日益显著，从表 3.3 中数据可以看出，1978 年天津市共有常住人口 724.27 万人，占全国总人口比重 0.75%，而到 2017 年年底，吸纳外省迁移人口以及本市户籍人口自然生育，常住人口总数上升至1 556.87万人，市内常住人口增长214.9%，占全国总人口比重也由1978年的0.75%上升至2017年的1.12%，率先成为华北地区除北京以外第二大超大城市。从人口密度角度来看，天津市在2017年年底常住人口密度为1 323人/平方千米，与北京市人口密度相同，天津市人口密度过高，也成为天津大城市病显现的主要原因。受统计资料限制，天津市在改革开放初期常住人口以户籍人口为主，1987年天津市首次出现外来常住人口，为3.03万人，占市内总人口比重的0.36%，1988年天津市外来常住人口出现增长态势，到1988年年底，天津市共有外来常住人口4.23万人，占市内总人口比重0.50%，随后外地常住人口快速增长，到2017年年底，全市1 556.87万人中共有506.88万外地常住人口，占总人口比重也由1988年的0.50%上升至32.56%，年均增幅达1.1%，快速增长的外来常住人口也为天津市的蓬勃发展注入了新的动力。

表3.3　天津市人口增长状况

年份	天津市人口总数（万人）	占全国总人口比重（%）	常住人口密度（人/平方千米）	天津市外来常住人口（万人）	常住外来人口比重（%）
1978	724.27	0.75	640	0	0.00
1988	843	0.76	741	4.23	0.50
1998	957	0.77	757	51.55	5.39
2008	1 176	0.89	1 000	207.13	17.61
2017	1 556.87	1.12	1 323	506.88	32.56

资料来源：1978—2017年《中国统计年鉴》。

与北京、上海不同，天津市常住人口文盲率未出现波动下降趋势，由表3.4可知，天津市文盲率由2011年的2.79%逐年稳步下降，到2017年年末，天津市文盲率下降至2.38%，低于全国平均水平2.9个百分点，但天津市高学历人口比重增长缓慢，与2011年相比，天津市拥有大专及以上学历的人口仅提升7.86个百分点，远低于北京13.67%的增速与上海12.84%的增速，高学历人口比重较低也成为了天津市未来发展亟须改善的重要问题之一。

表3.4　天津市与全国人口受教育程度对比　　　　　　　　　　（单位：%）

受教育程度	2011年		2013年		2015年		2017年	
	天津	全国	天津	全国	天津	全国	天津	全国
未上过学	2.79	5.50	2.52	4.99	2.51	5.69	2.38	5.28

(续表)

受教育程度	2011 年		2013 年		2015 年		2017 年	
	天津	全国	天津	全国	天津	全国	天津	全国
小学	16.67	27.57	16.35	26.36	15.64	26.22	13.29	25.23
初中	36.84	41.41	36.63	40.81	37.64	38.32	32.52	38.06
高中	22.72	15.46	21.44	16.52	20.87	16.44	22.95	17.55
大专及以上	20.99	10.06	23.05	11.32	23.33	13.33	28.85	13.87

资料来源：2011—2017 年《中国统计年鉴》《天津统计年鉴》。

三、上海市人口集聚的发展演进

上海作为我国现代化进程的缩影，一直以来便是我国主要的人口集聚地之一，自 1978 年改革开放以来，上海市常住人口持续增长，人口集聚发展进程主要分为四个阶段：

1978—1990 年，人口缓慢增长阶段。1978 年上海市常住人口为 1 104 万人，到 1990 年年底，上海市常住人口共增长 230 万人，年均增长 12 万人，人口总量达到 1 334 万人（图 3.3）。

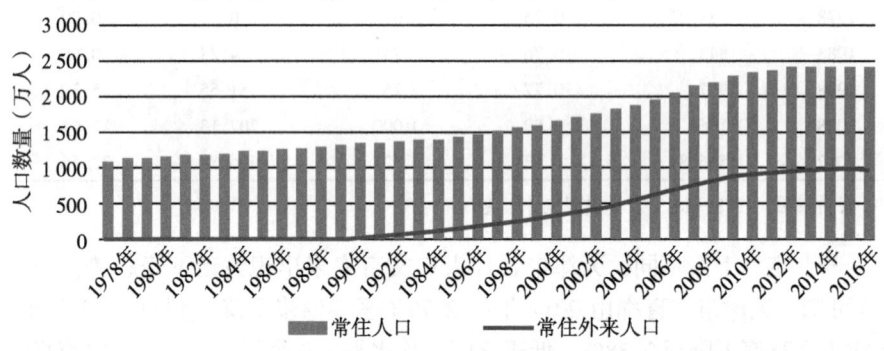

图 3.3　上海市人口集聚发展进程

1991—2010 年，人口快速增长阶段。随着浦东新区等一系列政策的出台，上海市常住人口出现快速增长趋势，到 2010 年年底，上海市常住人口为 2 302.66 万人，与 1990 年相比，共增长 968.66 万人，年均增长 48.4 万人，人口总量共上升 72.6%。

2011—2014 年，人口增长放缓阶段。随着"十三五"规划的全面推进，上海市常住人口增速出现放缓趋势，三年间常住人口共增长 78.22 万人，年均增长 20.1 万人，上海市人口调控政策初见成效。

2015 至今，人口缓慢下降阶段。2015 年年底，上海市常住人口首次出现下降趋势，2015 年年底，全市常住人口总量为 2 415.27 万人，与前一年份相比共下降 10.41 万人，虽 2016 年人口总量有所回升，但在 2017 年年底上海市常住人口再次出现下降趋势，人口总量回落至 2 418.33 万人，与 2016 年相比再次下降 1.37 万人。

上海市凭借着经济快速发展的强大向心力，自改革开放以后便源源不断的吸引着众多外省迁移人口向本地集聚，从表 3.5 中数据可以发现，上海市常住人口总数从 1978 年年末的 1 104 万人快速上升至 2017 年年末的 2 418.33 万人，年均增速达 33.7 万人，占全国总人口比重也由 1978 年年末的 1.15% 上升至 2017 年年末的 1.74%，39 年的快速发展使上海市人口占比上升了 0.59%，占全国人口比重与内蒙古自治区全区人口占比相近。同时与北京市不同，上海市由于受到城市定位以及地理位置的影响，一直以来上海便是常住人口密度较高的城市之一，1978 年上海市常住人口密度为 1 785 人/平方千米，人口密度高于同年份北京数据 3.43 倍，而 2017 年上海市常住人口密度增长到 3 814 人/平方千米，同年份人口密度高于北京 2.88 倍，虽差距出现缩小趋势，但高密度的常住人口仍是上海市进一步发展的主要挑战之一。从外来常住人口方面来看，上海市外来常住人口由 1978 年的 5.72 万人上升至 2017 年的 963.2 万人，年均增长 24.55 万人，外来人口比重也由 1978 年的 0.52% 上升至 2017 年的 39.83%，其中 1998 年至 2008 年增长最为迅速，10 年间共有 529.19 万外来人口向上海市集聚，年均集聚人口 52.91 万人，成为上海市外来人口增长速度最快的年份。

表 3.5 上海市人口增长状况

年份	上海市人口总数（万人）	占全国总人口比重（%）	常住人口密度（人/平方千米）	上海市外来常住人口（万人）	常住外来人口比重（%）
1978	1 104	1.15	1 785	5.72	0.52
1988	1 288	1.16	2 031	25.58	1.99
1998	1 527	1.22	2 409	220.42	14.43
2008	2 140.65	1.61	3 376	749.61	35.02
2017	2 418.33	1.74	3 814	963.20	39.83

资料来源：1978—2017 年《中国统计年鉴》。

人口受教育程度是反映人口素质的重要指标之一，表 3.6 为 2011 年至 2017 年上海市 6 岁及以上常住人口受教育情况，可以看出上海市文盲率虽有波动，但仍与全国平均发展水平一致，呈现出整体下降趋势，同时高学历人口向上海市集聚的趋势不断增强，2011年上海市常住人口中拥有大专及以上学历的人口占总量的21.18%，高于全国水平1.1倍，到2017年年底，高学历人口比重与全国平均水平差距不断拉大，同年份上海市常住人口中拥有大专及以上学历的人口占比达到34.03%，高出全国平均水平20.16个百分点，占总人口比重差距扩大至1.45倍，上海市凭借高学历人口集聚优势不断加速国际金融、贸易中心建设步伐。

表3.6 上海市与全国人口受教育程度对比 （单位：%）

受教育程度	2011年		2013年		2015年		2017年	
	上海	全国	上海	全国	上海	全国	上海	全国
未上过学	2.65	5.50	3.98	4.99	3.31	5.69	2.64	5.28
小学	13.73	27.57	13.93	26.36	13.08	26.22	11.87	25.23
初中	40.71	41.41	37.08	40.81	33.82	38.32	30.08	38.06
高中	21.73	15.46	20.31	16.52	21.09	16.44	21.37	17.55
大专及以上	21.18	10.06	24.69	11.32	28.70	13.33	34.03	13.87

资料来源：2011—2017年《中国统计年鉴》《上海统计年鉴》。

四、中国超大城市人口集聚发展与国外超大城市比较

随着我国经济的快速发展，大城市对流动人口的吸引现象日趋显著，近年来我国超大城市人口集聚规模不断扩大，由此来带的城市承载能力已出现严重超负现象，纵观全球超大城市发展进程不难看出，各国政府为避免人口集聚所带来的"大城市病"纷纷制定相关政策，从均衡人口分布、调整产业布局以及建设副中心城市等方向入手，疏解首都人口压力。本文将我国超大城市与汉字文化圈超大城市进行比较，通过对比首尔、东京、新加坡人口集聚进程，为我国超大城市人口发展现状提供参考。

首尔为韩国政治、经济、文化中心，是世界第十大城市，同时也是韩国第一大城市，从20世纪60年代开始，首尔人口出现"爆炸式"增长现象，韩国政府为应对首都人口快速增长趋势，通过制定《首都圈整备计划法》《新行政首都特别法》等法规政策，引导人口自发调节。东京为日本首都，同时也是亚洲第一大城市，"二战"后东京人口急剧增加，人口快速增长导致东京出现房价大幅上升、公共资源严重不足等社会现象，日本政府通过副都心建设、增加住房开发以及优化社会保障制度等政策入手，实现集聚人口

平衡疏导。新加坡是亚洲重要的航运中心，同时也是国际四大金融城市之一，新加坡为应对人口快速增长，通过降低低端劳动力流入，增强在岗人员培训，提高高素质人口薪资待遇等政策调节人口结构，动态调整人口增长。对于首尔、东京、新加坡而言，除去本国人口由其他地区快速向首都进行集聚以外，来自越南、菲律宾等国家的留学、务工人员比重也同时快速增长，成为外国超大城市人口集聚过程中重要的发展规律。

表 3.7 为 1980—2015 年间中国超大城市与首尔、东京、新加坡人口集聚现状对比，从表中数据可以看出，首尔人口受到本国城市发展政策的影响，总人口数出现波动增长趋势，由 1980 年的 836 万人增长到 2015 年的 990 万人，35 年内人口增长 154 万人，人口增长幅度较小，同时期东京人口缓慢稳步增长，到 2015 年年底共增长 189 万人，可以看出首尔、东京作为较为成熟的国际超大城市，人口增长趋势已逐渐放缓。新加坡作为文化多元的移民国家，受到本国移民政策的影响，人口增长幅度较大，新加坡人口由 1980 年的 241 万人快速增长到 2015 年的 553 万人，35 年内人口增长 312 万人，人口增长率达 229%，同时期北京、天津、上海的人口增长率分别为 240%、206%、209%，不难看出中国超大城市人口集聚趋势与新加坡人口集聚趋势相似。人口密度是反映一个地区人口地理分布的疏密程度的主要指标，从表中数据可以发现，中国超大城市人口密度相较首尔、东京、新加坡同期数据偏低，以各国首都为例，2015 年北京市人口密度为 1 323 人/平方千米，同期首尔人口密度为北京市的 12.3 倍，东京为北京市的 4.66 倍，新加坡为北京市的 5.81 倍，人口密度差异极为显著。东京、新加坡是国际公认的全球性国际金融中心，近期人民银行等八部门联合印发《上海国际金融中心建设行动计划（2018—2020 年）》，旨在将上海建设成为国际金融贸易中心，从现有人口密度来看，2015 年上海市人口密度为 3 809 人/平方千米，人口稠密度是同期东京、新加坡数据的 61.7% 以及 49.4%，上海市国际金融建设不仅要进一步完善金融服务功能，也应从人口密度以及人口结构方面对现有国际金融中心进行借鉴。首尔作为韩国第一大城市，1980 年集聚了全国 22.34% 的人口，随着疏解首都人口政策的出台，首尔占全国人口比重逐年下降，到 2015 年年底，首尔总人口数占全国人口比重为 19.39%，首都公共资源得到更为合理的分配，同年份北京、天津、上海的总人口比重持续上升，分别由 1980 年的 0.92%、0.76%、1.17% 上升至 2015 年的 1.58%、1.13%、1.76%，虽然与首尔人口比重仍有很大差距，但在未来中国超大城市疏解人口政策方面仍可向首尔经验进行借鉴。

表3.7 中国与国外超大城市人口现状比较

(单位：人，人/平方千米，%)

城市	项目	1980年	1990年	2000年	2010年	2015年
北京	总人口数	9 043 000	10 860 000	13 640 000	19 620 000	21 710 000
	人口密度	538	646	811	1 196	1 323
	占总人口比重	0.92	0.95	1.08	1.46	1.58
天津	总人口数	7 489 100	8 840 300	10 011 400	12 992 900	15 469 500
	人口密度	660	764	763	1 105	1 315
	占总人口比重	0.76	0.77	0.79	0.97	1.13
上海	总人口数	11 520 000	13 340 000	16 086 000	23 026 600	24 152 700
	人口密度	1 862	2 104	2 537	3 632	3 809
	占总人口比重	1.17	1.17	1.27	1.72	1.76
首尔	总人口数	8 364 379	10 612 577	9 895 217	9 794 304	9 904 312
	人口密度	13 819.9	17 532.2	16 342.2	16 188.9	16 364
	占总人口比重	22.34	24.45	21.45	20.16	19.39
东京	总人口数	11 618 000	11 856 000	12 064 000	13 159 000	13 515 000
	人口密度	5 388	5 430	5 517	6 015.7	6 168.7
	占总人口比重	9.92	9.59	9.50	10.28	10.63
新加坡	总人口数	2 413 945	3 047 132	4 027 887	5 076 732	5 535 002
	人口密度	3 907	4 814	5 900	7 146	7 697
	占总人口比重	100.00	100.00	100.00	100.00	100.00

资料来源：1980—2015年《中国统计年鉴》，新加坡统计局，韩国统计局，日本统计局。

第二节 中国超大城市人口集聚空间分布特征

中国超大城市人口集聚现象经过多年变化，逐渐出现空间强相依的现象，由于2009年天津市撤销塘沽区、汉沽区、大港区，设立天津市滨海新区，故本书在研究中将塘沽区、汉沽区、大港区依据最新辖区划分，统一计算为滨海新区。同时由于上海市撤销南汇区、闸北区、卢湾区辖区建制，本书依据上海市最新辖区划分标准，将上海市南汇区、闸北区、卢湾区统一计算为浦东新区、静安区以及黄浦区。本节首先通过ARCGIS自然断裂点分类方法，将北京、上海、天津的人口密度指数化，通过城市分级的方法将三大城市的集聚特征进行分析；其次，将人口密度通过莫兰指数进行分析，计算各年度莫兰指数变化趋势，最后，通过局部空间自相关分析，识别北京、天津、上海的高低集聚变化趋势。

一、北京、天津、上海人口分布特征

以北京、天津、上海为例的中国超大城市近年来出现人口集聚高速发展的现象，三大城市凭借着自身的政策优势以及区位特征，不断吸引外来人口前往本地接受教育或就业劳动，为明确北京、天津、上海的人口集聚趋势，量化不同年份三大城市人口密度，本研究通过 ArcGIS 软件，将人口密度进行指数量化，同时通过 ArcGIS 自然断裂点分类方法，绘制 2000 年、2015 年的 5 级人口密度分布图，以直观显示各城市人口集聚情况。

北京市人口集聚现象呈现明显的"中心—外围"结构，人口密度最高的辖区为东城区、西城区，其次为石景山区、海淀区、丰台区以及朝阳区，并随着人口密度减少不断向外围辖区发散。

表 3.8 为 2000 年、2015 年北京市人口集聚等级划分，从人口集聚情况来看，2000 年第一等级辖区为东城区、西城区，人口密度指数在 3.59 至 4.41 之间，人口集聚现象最为显著，属于城市人口核心地区。第二等级辖区为朝阳区、海淀区、石景山区以及丰台区，人口密度指数在 2.83 至 3.59 之间，属于第一辖区外围领区，人口集聚现象较为显著。第三等级辖区为顺义区、通州区、大兴区，人口集聚指数在 2.59 至 2.83 之间。第四等级辖区为昌平区、房山区，人口集聚指数为 2.25 至 2.59 之间。第五等级辖区为门头沟区、怀柔区、延庆区、密云区，人口集聚指数在 2.01 至 2.25 之间，属于北京市人口集聚现象最不显著的区域。2015 年北京市除第一等级辖区指数上限降低至 4.40 以外，各等级辖区人口集聚指数快速增长，同时昌平区由 2000 年的第四等级辖区上升至 2015 年的第三等级辖区，其余辖区均没有发生变化，保持长期稳定的一致性。

表 3.8 北京市人口集聚等级划分

等级	2000 年	2015 年
Ⅰ	东城区 西城区	东城区 西城区
Ⅱ	朝阳区 海淀区 石景山区 丰台区	朝阳区 海淀区 石景山区 丰台区
Ⅲ	顺义区 通州区 大兴区	顺义区 通州区 大兴区 昌平区
Ⅳ	昌平区 房山区	房山区
Ⅴ	门头沟区 怀柔区 延庆区 密云区	门头沟区 怀柔区 延庆区 密云区

天津市人口集聚现象呈现出明显的"点—轴"结构，人口密度最高的

辖区为中心城区和平区，其次为红桥区、河北区、河东区、河西区以及南开区，并随着人口集聚现象减弱向南北扩散。

表3.9为2000年、2015年天津市人口集聚等级划分，表中显示，2000年至2015年间，天津市辖区等级未出现变化，保持长期稳定的一致性。其中第一等级辖区为和平区，是天津市人口经贸核心区域。第二等级辖区为红桥区、南开、河北区、河东区、河西区，毗邻和平区，为天津市功能扩展区。第三等级辖区为北辰区、东丽区、津南区。第四等级辖区为蓟州区、宝坻区、武清区、西青区、滨海新区。第五等级辖区为静海区、宁河区。

表3.9 天津市人口集聚等级划分

等级	2000年	2015年
Ⅰ	和平区	和平区
Ⅱ	红桥区 南开区 河北区 河东区 河西区	红桥区 南开区 河北区 河东区 河西区
Ⅲ	北辰区 东丽区 津南区	北辰区 东丽区 津南区
Ⅳ	蓟州区 宝坻区 武清区 西青区 滨海新区	蓟州区 宝坻区 武清区 西青区 滨海新区
Ⅴ	静海区 宁河区	静海区 宁河区

上海市作为我国经济、金融、航运中心，具有优越的区位优势以及良好的金融发展环境，从2000年开始上海市人口集聚现象逐年发展，目前已成为北京、天津、上海三个城市中人口密度最高的城市，上海市人口集聚现象呈现出"中心-外围"结构，以核心区虹口区、黄浦区、静安区为中心向外围延伸，形成上海市人口集聚分布现状。

表3.10为2000年、2015年上海市人口集聚等级划分表，从表中数据可以发现，2000年上海市第一等级辖区为静安区、虹口区、黄浦区，人口密度指数在4.24至4.69之间，为上海市核心区域。第二等级辖区为普陀区、长宁区、徐汇区、杨浦区，人口密度指数在3.28至4.24之间，为上海市次核心区域。第三等级辖区为宝山区、闵行区、浦东新区，人口密度指数在3.02至3.28之间。第四等级辖区为嘉定区、松江区、金山区，人口密度指数在2.86至3.02之间。第五等级辖区为青浦区、奉贤区、崇明区，人口密度指数在2.79至2.86之间，为上海市人口集聚现象最不显著的区域。

表 3.10 上海市人口集聚等级划分

等级	2000 年	2015 年
Ⅰ	静安区 虹口区 黄浦区	静安区 虹口区 黄浦区
Ⅱ	普陀区 长宁区 徐汇区 杨浦区	普陀区 长宁区 徐汇区 杨浦区
Ⅲ	宝山区 闵行区 浦东新区	宝山区 闵行区
Ⅳ	嘉定区 松江区 金山区	嘉定区 松江区 浦东新区
Ⅴ	青浦区 奉贤区 崇明区	青浦区 奉贤区 崇明区 金山区

二、北京、天津、上海人口自相关度量

Moran's I 指数作为衡量变量空间相关性的主要指标，一直以来都是学者用来度量人口集聚程度的重要工具，通过将北京、天津、上海人口密度进行 ARCGIS 自然断裂点分类后可以发现，三大城市人口集聚现象均存在强烈的空间相关特征，因此本文通过全局 Moran's I 指数以及局部 Moran's I 指数，对北京、天津、上海的人口集聚现象进行实际测算。

Moran's I 指数由 Patrick Alfred PierceMoran 在 1950 年提出，同时由 Luc Anselin 在 1995 年发展为局部莫兰指数，借由莫兰指数可以将对数型变量进行测算，其指标结果可以反映出经济变量的空间集聚特征。

空间权重矩阵是莫兰指数的主要前提，在表达 n 个位置的空间个体关系时，学者通常采用一个二元对阵空间权重矩阵来进行定义，并将其与行标准化，一个标准的空间权重矩阵如下所示：

$$w = \begin{Bmatrix} w_{11} & w_{12} & w_{1n} \\ w_{21} & w_{22} & w_{2n} \\ w_{31} & w_{32} & w_{3n} \\ w_{41} & w_{42} & w_{4n} \end{Bmatrix} \tag{3.1}$$

其中 w_{ij} 代表空间两个个体的关系，取值为 1 或 0，若个体间存在空间相邻关系，则 w_{ij} 值为 1，若个体间不存在空间相邻关系，则 w_{ij} 为 0。空间自相关的 Moran's I 表达式如下：

$$I = \frac{n}{S_0} \frac{\sum_{i=1}^{n} \sum_{j=1}^{n} w_{i,j} z_i z_j}{\sum_{i=1}^{n} z_i^2} \tag{3.2}$$

其中 z_i 是要素 i 的属于与其平均值（$x_i - \bar{X}$）的偏差，w_{ij} 是要素 i 和 j 之间的空间权重关系，n 是要素总和数，Moran's I 经过方差归一化后，变化范围为 -1 至 1 之间，Moran's I > 0 表示空间正相关性，Moran's I < 0 表示空间负相关性，否则 Moran's I = 0，则表示空间呈随机性。其中 S_0 是所有空间权重的聚合①。

$$S_0 = \sum_{i=1}^{n} \sum_{j=1}^{n} w_{i,j} \qquad (3.3)$$

z_i 计算公式如下：

$$z_I = \frac{I - E[I]}{\sqrt{V[I]}} \qquad (3.4)$$

其中：

$$E[I] = -1/(n-1) \qquad (3.5)$$
$$V[I] = E[I^2] - E[I]^2 \qquad (3.6)$$

$E[I^2]$ 计算公式如下：

$$E[I^2] = \frac{A - B}{C} \qquad (3.7)$$

其中：

$$A = n[(n^2 - 3n + 3)S_1 - nS_2 + 3S_0^2] \qquad (3.8)$$
$$B = D[(n^2 - n)S_1 - 2nS_2 + 6S_0^2] \qquad (3.9)$$
$$C = (n-1)(n-1)(n-3)S_0^2 \qquad (3.10)$$

$$D = \frac{\sum_{i=1}^{n} z_i^4}{\left(\sum_{i=1}^{n} z_i^2\right)^2} \qquad (3.11)$$

S_1、S_2 计算公式如下：

$$S_1 = (1/2) \sum_{i=1}^{n} \sum_{j=1}^{n} (w_{i,j} + w_{j,i})^2 \qquad (3.12)$$

$$S_2 = \sum_{i=1}^{n} \left(\sum_{j=1}^{n} w_{i,j} + \sum_{j=1}^{n} w_{j,i}\right)^2 \qquad (3.13)$$

本节利用 ARCGIS 软件，将北京、天津、上海人口密度作为变量值，计算 2000 年至 2015 年北京、天津、上海的全局 Moran's I 指数，同时绘制时

---

① ArcGIS for Destkop 帮助文档。

间趋势对比图。

图 3.4 是 2000—2015 年间北京、天津、上海的全局 Moran's I 指数对比，Moran's I 均通过了 P 值（0.01）检验，呈现出正相关关系，说明各年度间三大城市均产生人口集聚趋势，高密度人口地区与低密度人口地区在空间上均呈现集中现象，出现空间强相依特征。图 3.4 显示，北京市在 2000 年至 2001 年间全局 Moran's I 指数出现短暂下降趋势，随后逐年升高，在 2015 年达到最高值 0.72。天津市全局 Moran's I 指数存在较大波动现象，由 2004 的 0.39 大幅下降至 2005 年 0.21，说明当年度集聚现象快速减弱，同时 2005 年至 2006 年间全局 Moran's I 指数大幅上升，由 2005 年的 0.20 上升至 2006 年的 0.45，说明 2006 年人口集聚现象快速增强，随后天津市全局 Moran's I 指数增长缓慢，稳定保持在 0.42 至 0.46 之间。上海市全局 Moran's I 指数呈现出平稳增长趋势，由 2000 年的 0.37 增长到 2015 年的 0.58，增长幅度较大，其中 2007 年至 2010 年间增幅最大，年均增幅 0.018，说明上海市人口密度呈现出快速集中的趋势。但通过图中数据进一步分析也可以发现，天津市的全局 Moran's I 指数于 2005 年出现了较大幅度的变化，这更多的是由于当年度天津市的人口密度数据异常所导致的，期望日后可以通过更为科学的方法对数据进行完善和更正，以得到更为准确的天津市全局 Moran's I 指数。

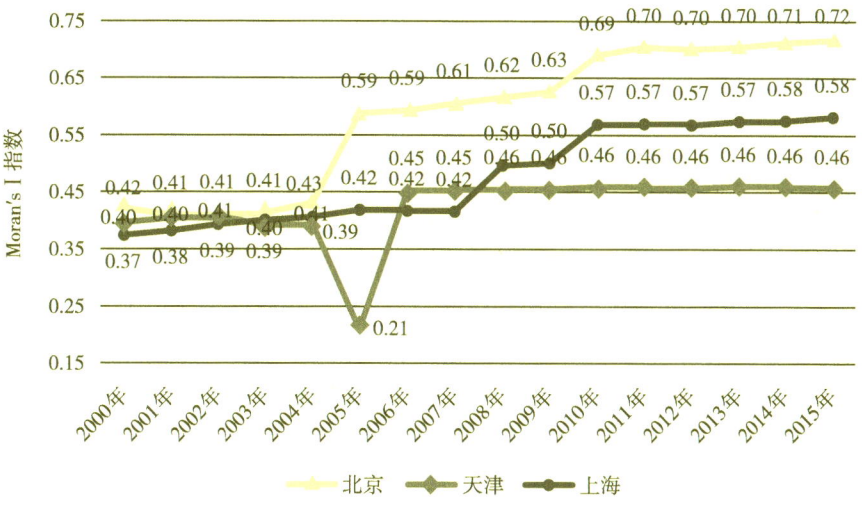

图 3.4　北京、天津、上海的全局 Moran's I 指数对比

三、北京、天津、上海的局部 Moran's I 指数分布

局部 Moran's I 指数不同变量集聚特征的主要指标之一，本节通过局部 Moran's I 指数将北京、天津、上海的人口密度区域分布情况进行实际测算，局部 Moran's I 指数的表达式如下：

$$I_i = \frac{Z_i \sum_{j=1}^{n} w_{ij} \times Z_j}{Z^T Z} = Z_i \sum_{j=1}^{n} w_{ij} \times Z_j \qquad (3.14)$$

表达式中 Z_i 为区域 i 中观测值的标准化，Z_j 为区域 j 中观测值的标准化；w_{ij} 为空间权重，其中 $\sum_j w_{ij} = 1$。I_i 与 Z_i 结果分为高值集聚（H-H）、低值集聚（H-L）、高值由低值围绕的异常值（H-L）、低值由高值围绕的异常值（L-H），每一种象限代表一种空间结构，若在给置信水平下，I_i 与 Z_i 均大于 0，则区域 i 位于 H-H 象限，表示存在高高集聚的空间表现模式；若 I_i 与 Z_i 均小于 0，则区域 i 位于 L-L 象限，表示存在低低集聚的空间表现模式；若 I_i 大于 0 且 Z_i 小于 0，则区域 i 位于 H-L 象限；若 I_i 小于 0 且 Z_i 大于 0，则区域 i 位于 L-H 象限。

通过将北京、天津、上海的人口密度进行局部 Moran's I 指数测算，可以得到三大城市的人口密度 Lisa 图，结果可以发现，北京市的高-高（H-H）类型以及低-高（L-H）类型结构主要分布于北京市的中部以及南部地区，该部分地区凭借发达的交通网络以及合理的产业布局使其具有较强的人口集聚能力，成为北京市人口集聚中区域。

表 3.11 为 2000 年、2015 年北京市人口密度象限分类，表中结果显示 2000 年北京市西城区和东城区是人口密度高和相邻辖区人口密度高的人口集中地区，属于 H-H 类型。石景山区、丰台区、大兴区、通州区以及朝阳区是人口密度较低，但相邻辖区人口密度较高的类型辖区，属于 L-H 类型辖区。2015 年海淀区由不显著辖区转换为人口密度高和相邻辖区人口密度高的人口集中地区，即 H-H 类型，同时石景山区、丰台区以及朝阳区由 2000 年的 L-H 类型辖区转换为 2015 年的 H-H 类型辖区，成为北京市人口集聚程度较高的地区。

第三章　中国超大城市人口集聚时空演变及空间分布特征

表 3.11　2000 年、2015 年北京市人口密度象限分类

2000 年				2015 年			
H-H	H-L	L-H	L-L	H-H	H-L	L-H	L-L
西城区		石景山区		西城区		通州区	
东城区		丰台区		东城区		大兴区	
		大兴区		海淀区			
		通州区		石景山区			
		朝阳区		丰台区			
				朝阳区			

可以发现，天津市的高-高（H-H）类型以及低-高（L-H）类型结构主要分布于城市的中心地区以及西部地区，北部以及南部多数地区均呈现不显著的空间结构，仅有宝坻区出现低-低（L-L）的集聚表现模式。

表 3.12 为 2000 年、2015 年天津市人口密度象限分类，表中结果显示，2000 年与 2015 年天津市的辖区类型结构没有发生变化，表现出长期稳定的一致性，红桥区、河北区、河东区、河西区、和平区以及南开区属于 H-H 类型，即本辖区人口密度较高，相邻辖区人口密度较高的类型辖区。武清区、北辰区、东丽区、西青区以及静海区属于 L-H 类型，即本辖区人口密度较低，但相邻辖区人口密度较高的类型辖区。宝坻区为 L-L 类型辖区，即本辖区与相邻辖区人口密度均较低的类型辖区。

表 3.12　2000 年、2015 年天津市人口密度象限分类

2000 年				2015 年			
H-H	H-L	L-H	L-L	H-H	H-L	L-H	L-L
红桥区		武清区	宝坻区	红桥区		武清区	宝坻区
河北区		北辰区		河北区		北辰区	
河东区		东丽区		河东区		东丽区	
河西区		西青区		河西区		西青区	
和平区		静海区		和平区		静海区	
南开区				南开区			

上海市的高-高（H-H）类型以及低-高（L-H）类型结构主要分布于城市的中心区域以及西部地区，大多数南部地区和崇明区均呈现不显著的空

间结构。

表 3.13 为 2000 年、2015 年上海市人口密度象限分类,从表中数据可以看出,2000—2015 年,上海市 H-H 类型地区没有发生变化,普陀区、静安区、虹口区、杨浦区、黄浦区、徐汇区以及长宁区均为人口密度较高同时相邻辖区人口密度较高的人口集中地区,2000 年嘉定区、宝山区、浦东新区以及闵行区是人口密度较低但相邻辖区人口密度较高的 L-H 地区,2015 年浦东新区不再属于 L-H 类型,呈现不显著的空间结构。

表 3.13 2000 年、2015 年天津市人口密度象限分类

2000 年				2015 年			
H-H	H-L	L-H	L-L	H-H	H-L	L-H	L-L
普陀区		嘉定区		普陀区		嘉定区	
静安区		宝山区		静安区		宝山区	
虹口区		浦东新区		虹口区		闵行区	
杨浦区		闵行区		杨浦区			
黄浦区				黄浦区			
徐汇区				徐汇区			
长宁区				长宁区			

第三节　小结

本章分为三个部分,首先通过数据对比的方法将以北京、天津、上海为例的中国超大城市人口发展现状进行了分析,随后通过与国外超大城市人口集聚现状对比,简要分析依据国际发展经验目前我国城市人口集聚现象所处的发展现状,最后通过全局莫兰指数和局部莫兰指数,描述了目前北京、天津、上海的人口分布情况。

在本章第一部分中国超大城市人口集聚分析时,首先回顾了北京、天津、上海的人口集聚发展历史,从现有人口数据来看目前我国超大城市人口集聚在经历快速增长阶段后普遍进入到人口缓慢下降阶段,城市常住人口开始出现负增长趋势。随后为了能够更加清晰各城市人口集聚发现现状,本章通过常住人口密度、外来人口比重等人口集聚发展指标分析了各城市间人口集聚特点,发现北京市具有常住人口受教育水平较高、上海市具有外来人口

比重较大的特点。最后本文运用人口集聚指数，测算了北京、天津、上海的人口集聚发展情况，发现北京市人口集聚指数增幅最快的现状。

在本章第二部分中，本文将中国超大城市与首尔、东京、新加坡人口集聚现状进行了对比评价，通过人口密度、占总人口比重等人口指标分析后发现，目前我国超大城市人口集聚现状较国外超大城市同期集聚现状相比仍有较大差距，从整体来看我国超大城市绝对人口数据虽远高于国外对比城市，但从城市发展角度分析，其余指标显示目前中国超大城市人口集聚现象仍有较大上升空间。

在本章的第三部分中，通过全局莫兰指数发现，我国超大城市均产生人口集聚发展趋势，同时通过局部莫兰指数进一步分析可知，北京、天津、上海的核心城区人口集聚现象呈长期稳定趋势，但周边城区受到城市功能划分的影响出现由中心向外围发展的人口集聚繁荣现象。

目前我国超大城市人口集聚现象经历了 70 年的发展，出现了快速膨胀阶段后进入缓慢的负增长阶段，相较国外超大城市而言未来我国仍可借鉴国外发展经验，通过加大基础设施建设力度，完善城市功能圈等方面入手，调整人口结构，合理利用城市资源，有序引导城市人口集聚现象良性发展。

第四章　中国超大城市人口集聚的人口增长机制分析

第一节　人口集聚现状分析

目前我国超大城市的人口集聚现象已日趋显著，人口集聚过程中主要受到人口自然增长以及人口机械增长的双重影响，二者共同决定着人口集聚速度的增减以及人口集聚程度的高低。本章将以北京、天津、上海的为例，对中国超大城市人口自然增长以及机械增长进行分析，通过数据对比以及二元回归的方式探究三大城市的人口自然增长现象和机械增长影响因素，其中机械增长部分主要从迁移种类、迁移人口特征、迁移目的地分布以及长期居留影响因素加以论述。

一、北京、天津、上海人口自然增长情况

人口自然增长率是反映人口发展速度的重要指标之一，人口自然增长率主要取决于该地区人口出生率和人口死亡率，通常情况下高人口出生率和高人口死亡率会导致较低的人口自然增长率，高出生率和低死亡率会导致人口自然增长率提高，而受到现代城市医疗水平的上升以及人口节育观念的增强，低人口出生率和低人口死亡率所带来的低自然增长率逐渐成为中国超大城市的主要自然变动模式，受发展程度影响，我国超大城市人口自然变动模式尚距国外发达城市变动情况有所差异。北京、天津、上海的人口自然增长情况，可以看出，除2015年天津市人口自然增长率为0.23‰以外，北京、天津、上海的人口自然增长率均逐年上升，其中上海市2000年至2004年间人口自然增长率为负增长，由2005年开始人口自然增长率转变为正向增长趋势，到2015年年底人口自然增长率相较2000年上升了4.35‰，上升幅度最为显著。除2015年各城市人口出生率均出现下降趋势以外，2000—2014年间，北京、天津、上海的人口出生率均表现出波动上升趋势，分别较

2000年上升了1.36‰、0.47‰和3.37‰，居民生育意愿呈现稳步上升趋势。受城市经济发展水平以及居自然环境等因素的影响，北京市、天津市人口死亡率在2000—2015年间均呈现缓慢下降趋势，而上海市人口死亡率则逐年缓慢上升，由2000年的7.17‰上升至2015年的8.62‰，年均增长0.09‰，受人口出生率同时期快速增长影响，上海市人口自然增长模式尚未进入高出生、高死亡的低人口增长模式。

为进一步详尽分析各城市人口自然增长状况，本研究将2000年、2010年以及2015年的北京市、天津市各区县人口自然增长情况进行分年份对比，由于上海市2015年各区县人口死亡数据缺失，本研究仅将北京市、天津市作为分区县案例，以期深化中国超大城市人口自然增长率变动情况研究。

表4.1为北京市各区县人口自然增长率变化情况，从死亡率角度来看，北京市各辖区间密云县死亡率最高，在2005年年底为12.72‰，比当年各区县平均死亡率高出6.98个千分点，到2015年密云县死亡率下降至8.55‰，高于2015年各区县死亡率2.51‰。从生育率角度来看，2005年密云县生育率水平最高，为7.75‰，而2015年生育率最高的辖区变为顺义区，当年生育率为9.95‰，成为北京市生育水平最高的辖区。从自然增长率角度来看，2005年高于全市平均水平的辖区为东城区、朝阳区、石景山区、怀柔区、昌平区、延庆县、大兴区、海淀区、丰台区、西城区，而2015年高于全市平均水平的辖区变化为朝阳区、通州区、昌平区、大兴区、顺义区、房山区、海淀区、丰台区，10年内共有五个辖区没有维持在平均自然增长水平下而产生变化，分别为东城区、石景山区、怀柔区、延庆县以及西城区，通过与各辖区发展差异对比，人口自然增长率未显示出受到发展水平差异的直接影响。

表4.1 北京市分年度自然增长率、死亡率、出生率对比情况

地区	死亡率（‰）			生育率（‰）			自然增长率（‰）		
	2005年	2010年	2015年	2005年	2010年	2015年	2005年	2010年	2015年
东城区	5.45	5.88	7.89	5.46	7.40	6.35	0.01	1.52	-1.54
朝阳区	2.69	2.76	3.36	3.72	4.65	8.76	1.03	1.89	5.40
门头沟区	8.12	8.97	6.95	5.99	5.52	6.30	-2.13	-3.45	-0.65
石景山区	2.97	3.90	5.79	3.46	4.55	7.24	0.49	0.65	1.45
通州区	5.27	4.90	5.09	4.79	5.07	7.31	-0.47	0.17	2.22
怀柔区	6.14	9.65	7.53	7.22	5.63	7.91	1.08	-4.02	0.38
昌平区	4.65	3.31	3.99	4.79	3.01	5.80	0.14	-0.30	1.81

(续表)

地区	死亡率（‰）			生育率（‰）			自然增长率（‰）		
	2005年	2010年	2015年	2005年	2010年	2015年	2005年	2010年	2015年
密云县	12.72	12.82	8.55	7.75	6.84	7.61	-4.96	-5.98	-0.94
延庆县	6.16	11.36	6.83	7.73	5.99	6.61	1.57	-5.36	-0.22
平谷区	9.02	11.06	8.05	6.30	6.97	7.14	-2.72	-4.09	-0.91
大兴区	4.48	4.32	3.48	5.10	4.76	9.42	0.62	0.44	5.94
顺义区	5.91	6.84	7.30	5.23	5.47	9.95	-0.68	-1.37	2.65
房山区	6.87	8.36	6.40	6.64	6.46	8.42	-0.23	-1.90	2.02
海淀区	2.42	2.59	4.12	4.59	5.33	8.41	2.17	2.74	4.29
丰台区	3.46	3.17	4.18	4.08	3.79	7.45	0.62	0.62	3.27
西城区	5.41	5.47	7.06	5.67	8.05	8.01	0.25	2.57	0.95

资料来源：2005—2015年《北京统计年鉴》。

表4.2为天津市各区县人口自然增长率变化情况，从死亡率角度来看，2005年、2010年、2015年各区县间死亡率最高的辖区分别为宝坻区、蓟县、河北区，以和平区为例的多数中心城区变化幅度较小。从生育率角度来看，2005年至2015年间，滨海新区生育率由2005年的16.44‰变化为2015年的8.9‰，成为天津市各区县内生育率水平最高的辖区。从自然生育率角度来看，2005年有9个辖区高于全市平均自然增长率，分别为津南区、东丽区、河北区、静海区、滨海新区、蓟县、宁河县、北辰区、西青区，而2015年高于全市平均自然增长率的辖区下降为七个辖区，分别为武清区、东丽区、滨海新区、蓟县、宁河区、宝坻区、西青区，通过与各辖区发展水平对比来看，多数天津市中心城区人口自然增长水平较低，人口自然增长率未显示出受到地区发展水平的直接影响。

表4.2 天津市分年度自然增长率、死亡率、出生率对比情况

地区	死亡率（‰）			生育率（‰）			自然增长率（‰）		
	2005年	2010年	2015年	2005年	2010年	2015年	2005年	2010年	2015年
和平区	5.02	7.30	4.85	4.11	10.58	4.82	-0.91	3.28	-0.03
河西区	5.54	4.82	5.58	4.86	6.31	6.51	-0.68	1.49	0.93
武清区	7.22	9.79	4.26	4.23	5.28	7.48	-2.99	-4.51	3.22
津南区	3.15	9.26	4.94	9.74	6.48	5.66	6.59	-2.78	0.72
东丽区	5.03	4.20	2.93	9.48	4.59	7.02	4.46	0.39	4.09
河北区	6.13	8.34	6.84	11.38	9.37	5.74	5.25	1.03	-1.10

(续表)

地区	死亡率（‰）			生育率（‰）			自然增长率（‰）		
	2005年	2010年	2015年	2005年	2010年	2015年	2005年	2010年	2015年
静海县	5.74	7.56	5.61	12.07	8.59	7.09	6.34	1.02	1.48
滨海新区	8.69	4.11	4.60	16.44	13.73	8.9	7.75	9.63	4.30
蓟县	7.16	15.85	5.96	14.05	11.99	8.42	6.89	-3.86	2.46
宁河县	4.05	6.00	5.10	10.72	8.76	6.79	6.67	2.76	1.69
宝坻区	10.87	6.88	5.65	11.23	12.24	8.77	0.36	5.36	3.12
北辰区	4.24	9.57	4.54	9.09	5.38	5.3	4.85	-4.18	0.76
西青区	5.40	4.53	4.60	11.43	5.55	6.24	6.03	1.02	1.64
红桥区	6.52	8.45	6.58	4.35	6.01	7.04	-2.17	-2.44	0.46
南开区	5.64	6.08	4.85	5.02	5.99	5.98	-0.63	-0.10	1.13
河东区	6.50	4.76	4.36	4.91	5.69	5.67	-1.59	0.93	1.31

资料来源：2005—2015年《天津统计年鉴》。

生育率是自然增长率的重要组成部分，生育率通常指一定时期内活产婴儿与同期育龄妇女的比重，作为妇女生育强度的重要指标，育龄妇女生育率一直是影响人口增长的重要因素。表4.3为2010年北京、天津、上海与全国的分年龄段育龄妇女生育水平，包括全国及三大城市分年龄段生育率以及总和生育率，由表中数据可知2010年北京、天津、上海育龄妇女总和生育率均低于全国水平，三大城市中天津市总和生育率最高，为912.80‰，北京市总和生育率最低，为706.70‰。在北京、天津、上海分年龄段妇女生育率中，天津、上海妇女生育率最高峰同全国趋势相同，均出现在25~29岁年龄段，北京生育率高峰较其他两个城市更晚，推迟至30~34岁年龄段，由于受到经济条件、子女养育成本等因素影响，北京市女性生育年龄已逐渐进入高生育年龄模式。

表4.3 北京、天津、上海与全国的分年龄段育龄妇女生育水平

区域	15~19岁	20~24岁	25~29岁	30~34岁	35~39岁	40~44岁	45~49岁	总和生育率（‰）
全国	5.93	69.47	84.08	45.84	18.71	7.51	4.68	1 181.10
北京	1.06	17.51	49.35	50.94	16.76	4.34	1.38	706.70
天津	3.78	37.07	67.21	40.24	20.59	7.92	5.75	912.80
上海	4.08	32.50	57.20	37.51	11.78	3.04	1.22	736.65

资料来源：2010年《北京统计年鉴》《天津统计年鉴》《上海统计年鉴》《中国统计年鉴》。

目前以北京、天津、上海为例的中国超大城市均出现总和生育率较低以及生育年龄推迟的生育现象，其主要原因大体可以归纳为以下三点。

第一，我国超大城市育龄女性生育成本较高。西方学者 Harrey Leibenstein 和 Gary·S·Becker 分别在 1957 年和 1960 年提出并完善子女成本效用理论，认为生育成本由社会成本和家庭成本组成，其中社会成本包括国家为孩子提供的福利支出、个人生育所导致的资源重新分配以及国家为应对人口失衡所付出的管理费用（宋健等，2016），而邱红等（2010）认为生育成本则包括孩子生育费用、教育费用、医疗费用、婴儿夭折均摊费用以及父母双方机会成本费用。北京等中国超大城市由于经济发展水平较高，都市生活成本同样远高于中国其他城市，育龄妇女受到经济条件等因素的制约，多选择优先事业发展进而推迟生育年龄，以面对高额的生育成本支出，同时超大城市对于父母的机会成本支出同样限制育龄妇女的生育需求，女性由于生育子女所导致的岗位培训、职位升迁以及收入提升等机会损失，均会使超大城市女性生育意愿降低，如谭雪萍（2015）通过调查徐州市单独家庭二胎生育意愿时发现，职业发展压力、时间精力压力等因素均会对二胎抉择产生重要影响，吴洪雪（2017）通过调查问卷的方式将职业女性二胎生育意愿进行研究后发现，多数女性在面对生育二胎和工作冲突时会选择放弃二胎，同时职位越高的女性由于二胎机会成本上升，更倾向于选择放弃二胎。显然，中国超大城市生育成本上升会直接导致育龄女性生育意愿下降，进而选择推迟生育年龄或减少生育次数。

第二，我国超大城市人口地位需求度较高。法国哲学家阿森·杜蒙特在 19 世纪提出毛细管现象，认为个人有提升自身在社会等级中的地位欲望，一方面一些在社会中没有能够提升自己地位的人总是希望通过子女来完成个人没有实现的事业，所以他们必须生育子女，且限制在一至两个，同时另一方面，事业成功的人为将他们的辉煌延续下去，也必须生育子女，且限制在两个之内。目前我国超大城市人口集聚现象日趋显著，人才流动性大且岗位竞争激烈，个人为实现自身地位提升，多选择降低或延迟生育意愿，毛细管现象逐渐显著，城市居民生育率逐渐降低，正是在这种推动力作用下，中国超大城市人口生育率以及生育意愿出现下降趋势。

第三，我国超大城市房地产价格过高。近年来我国超大城市房地产价格持续上升，由于我国传统婚姻观念中多重视自有房概念，因此较高的房价会导致处于租赁房屋状态或尚未购买房屋的育龄妇女推迟或降低生育意愿，李江一（2019）通过我国 330 个城市以及 4 个地级市的数据分析后发现，房价对人口出生率具有显著的负向影响机制，且房价上涨不仅延缓了家庭生育进度，也同时会降低地区总和生育率。Simon 等（2009）通过美国微观家庭数据等分析后发现，居住价格会对家庭子女数量产生负向影响作用。目前中国超大城市育龄女性多为独生子女一代，房地产价格的快速上涨不仅会增加家庭固定支出，同时也会增加隔代养老压力进而影响育龄妇女的生育意愿，所以不难推断，随着房地产价格的持续走高，未来中国超大城市育龄妇女的生育意愿会出现继续下降趋势，但近年来国家推进房地产限购政策以及大力推动廉租房建设，房地产市场逐渐出现稳定趋势，更多的育龄妇女的生育意愿可以从房价影响中解脱，进而逐步提前生育年龄，加速家庭生育进度，加速超大城市人口生育率回暖势头。

目前以北京、天津、上海为例的中国超大城市人口自然增长率缓慢上升，大城市内人口年龄结构出现优化态势，但人口老龄化趋势日渐显著已不容忽视，2010 年北京市 60 岁及以上人口占全市总人数的 12.54%，天津市和上海市分别占比 13.02% 和 15.07%，由 60 岁及以上人口占比超过 10% 的地区作为老龄化标准来看，北京、天津、上海已提前步入老龄化社会，由此带来的社会负担加重、劳动人口短缺等因素将在未来持续影响中国超大城市的发展。

我国超大城市人口自然增长模式已逐渐转变为低出生、低死亡、低自然增长的后膨胀阶段，根据布莱克人口转变论推测，随着以北京、天津、上海为例的中国超大城市进一步发展，未来人口自然增长模式将缓慢向欧美发达国家的低静止阶段转换，人口自然增长在低出生、低死亡抵消下呈现出静止状态。为应对人口结构性问题以及自然增长放缓趋势，我国已于 2015 年开始正式实施全面两孩政策，但由于育儿成本较高、照料子女时间较少等因素限制，目前我国超大城市二胎政策尚未达到预期效果，医疗生育系统床位短缺、优质教育资源紧张等问题持续束缚我国超大城市人口自然增长率的上涨。同时受到我国超大城市人口集聚现象的日趋显著，以北京、天津、上海为例的中国超大城市入户门槛逐年升高，户籍人口的固化也成为制约大城市人口自然增长的隐形束缚。随着我国超大城市的进一步繁荣，减轻家庭照料负担，发放生育补贴以补偿生育成本开始成为社会呼声最高的提升人口自然增长率的举措之一，政府在制定鼓励全国生育政策时应兼顾中国超大城市生育现状，完善合理布局促进超大城市户籍人口生育率上涨，进而促进超大城市人口自然增长率提升，为日后城市良性发展奠定坚实可靠的人口基础。

二、北京、天津、上海人口机械增长情况

人口迁移是指人口伴随着经常居住地的空间移动,在我国,空间居住地一般指户籍所在地(乔晓春,2000),故人口离开户籍所在地前往不同省份且生活较长时间被称为人口省际迁移,人口未流出户籍所在省份但长期生活在不同户籍的成分被称为人口省内迁移。从 2000 年开始我国人口流动规模逐年增大,人口省际迁移比例逐年提高,以北京、天津、上海为例的中国超大城市开始成为人口省际迁移的主要目的地。

表 4.4 数据为北京、天津、上海以及全国各地省际人口迁移概况。表中数据显示,全国跨省迁移人口比重占全国总迁移人口比重为 33.15%,根据抽查数据比例推算,全国约有 1.5 亿人发生跨省迁移现象,同时省内迁移比重为 66.85%,约有 3 亿人口发生省内迁移现象。其中北京、天津、上海的迁入人口比重占全市迁移人口比重分别为 65.96%、66.45% 以及 70.95%,省外迁入人口性别比天津最高,男女性别比为 2.13,远超全国迁移人口平均性别比,北京、上海性别比分别为 1.26 以及 1.29,低于全国迁移人口平均性别比,但仍能反映出男性更加倾向于迁入以北京、天津、上海为例的中国超大城市中。三大城市中省内迁移人口比重分别占全市迁移人口比重的 34.04%、33.55% 以及 29.05%,其中北京、天津、上海的迁移省内迁移人口性别比分别为 0.96、0.99 以及 0.92,均低于全国平均水平 1.01,反映出三大城市迁移人口中女性更加倾向于进行省内迁移。

表 4.4 北京、天津、上海以及全国各地省级人口迁移概况 (单位:%)

	全国	北京	天津	上海
跨省迁入人口占全国迁移人口比重	33.15	65.96	66.45	70.95
省外迁入人口性别比	1.37	1.26	2.13	1.29
省内迁移人口占全国迁移人口比重	66.85	34.04	33.55	29.05
省内迁移人口性别比	1.01	0.96	0.99	0.92

资料来源:《第六次人口普查数据》。

迁移人口的迁移原因是衡量人口迁移动机的主要指标,从 2015 年人口 1% 抽样调查数据中可以发现,北京、天津、上海的迁移主要原因分别是工作就业、学习培训以及随同迁移(表 4.5)。其中工作就业原因中上海的原因占比高于全国平均水平 5.6 个百分点,而北京、天津则低于全国水平。受到上海城市定位以及区位因素的影响,上海市迁移人口中由于学习培训

原因进行迁移的人口比重为 2.27%，仅为全国平均水平的 26.2%，而随同迁移原因方面，北京、天津、上海的比重均高于全国平均水平，分别为 14.97%、13.83% 以及 12.37%，在不考虑户籍政策限制的前提下，这部分的比例可能会进一步扩大。在各个迁移原因中，女性多受到随同迁移、婚姻嫁娶、为子女就学和其他原因发生迁移现象，而男性则多受到工作就业、学习培训、房屋拆迁、改善住房以及寄挂户口的因素发生迁移现象。

表 4.5　北京、天津、上海以及全国各地省际人口迁移原因概况（单位：%）

现住地	全国	北京	天津	上海
工作就业	71.18	68.93	70.54	76.82
学习培训	8.64	8.93	7.97	2.27
随同迁移	12.06	14.97	13.83	12.37
房屋拆迁	0.11	0.06	1.03	0.09
改善住房	0.69	0.87	0.74	0.90
寄挂户口	0.09	0.03	0.57	0.06
婚姻嫁娶	2.65	3.16	1.86	2.29
为子女就学	0.36	0.52	0.40	0.45
其他	4.21	2.52	3.06	4.76

资料来源：2015 年《全国流动人口动态监测数据》。

由于以北京、天津、上海为例的中国超大城市产业结构各不相同，因此迁移人口中所从事的职业人群也有所差异，通过对第六次人口普查外省人口从事职业分布情况对比后可以发现，上海市从事国家机关、党群组织、企业负责人的比重高出全国平均水平 1.38 个百分点，同时北京、天津的比重均低于全国平均水平，而北京、天津、上海迁移人口中从事专业技术人员以及商业、服务业人员的比重均高于全国平均水平，其中北京的从事专业技术人员的迁移人口以及从事商业、服务业人员的比重分别高出全国平均水平 2.23 倍以及 1.74 倍，说明第六次人口普查时期北京市产业布局更倾向于吸引专业技术人才以及商业、服务业人才。而受到大城市产业结构升级的影响，北京、天津、上海的迁移人口中从事农、林、牧、渔业生产人员的比重大幅减少，分别占比 1.52%、2.12% 以及 2.22%，均远低于全国平均水平（表 4.6）。

表 4.6　北京、天津、上海以及全国各地省际人口迁移从事职业概况

（单位:%）

	全国	北京	天津	上海
国家机关、党群组织、企业负责人	2.44	2.30	2.08	3.82
专业技术人员	5.84	13.07	6.55	8.31
办事人员和有关人员	5.03	10.21	3.02	6.91
商业、服务业人员	27.64	48.11	28.98	34.01
农、林、牧、渔业生产人员	3.49	1.52	2.12	2.22
生产、运输设备操作	55.44	24.78	56.79	44.66

资料来源:《第六次人口普查数据》。

　　表4.7、表4.8为第五次人口普查、第六次人口普查中北京、天津、上海及全国省际迁入人口受教育程度汇总概况，由于普查数据中统计口径存在差异，为便于对比，本节将第五次人口普查数据中"扫盲班"归入"小学"分组，将"中专"归入"高中"分组。从表中数据可以看出，两次人口普查中北京、天津、上海以及全国的迁入人口受教育比重最大的学历组为初中组，2000年全国迁入人口中有51.07%的人口为接受过初中教育，而2010年上升至51.59%，其中除北京呈现出下降趋势外，天津、上海分别上升12.8%和1.5%。全国迁入人口中未上过学组和小学组占比较低，对比第六次人口普查数据两项分组数据中个指标均呈现下降趋势。高中组迁入人口数据十年内上升幅度较大，2000年全国、北京、天津、上海的高中组迁入人口分别为14.26%、15.77%、15.94%以及12.45%，除上海以外，北京、天津同组比重均高于全国平均水平，而2010年各组数据分别上升至16.70%、19.26%、15.51%以及16.81%，超大城市迁入人口中高中学历分组均领先于全国平均水平，其中上海市涨幅最高，10年内高中组占比共增长4.36个百分点。大学专科、大学本科、研究生迁移人口同属于接受过高等教育迁移人口，对比两次人口普查数据可知，除研究生分组比重有所下降以外，北京、天津、上海的大学专科、大学本科迁移人口多数比重均有所上升，其中北京市大学专科迁入人口比重上升最快，十年内共上升5.7%，遥遥领先全国平均水平。

表 4.7 第五次人口普查北京、天津、上海迁入人口受教育程度 （单位:%）

	全国	北京市	天津市	上海市
未上过学	2.87	2.43	3.53	4.76
小学	22.37	13.96	20.47	23.45
初中	51.07	46.27	42.23	49.06
高中	14.26	15.77	15.94	12.45
大学专科	3.59	6.42	5.24	3.47
大学本科	5.33	12.64	11.60	5.79
研究生	0.50	2.51	0.99	1.03

资料来源：《第五次人口普查数据》。

表 4.8 第六次人口普查北京、天津、上海迁入人口受教育程度 （单位:%）

	全国	北京市	天津市	上海市
未上过学	1.64	1.00	1.38	2.16
小学	18.04	10.29	15.42	15.76
初中	51.59	43.42	55.10	50.57
高中	16.70	19.26	15.51	16.81
大学专科	6.26	11.59	6.74	7.03
大学本科	5.28	12.70	5.44	6.75
研究生	0.50	1.73	0.41	0.92

资料来源：《第六次人口普查数据》。

全国迁移人口离开户籍地时间主要集中在 5~10 年以及 10 年以上分组，根据 2015 年 1% 抽样调查数据显示，全国离开户籍地 5~10 年的迁移人口占比 20.94%，10 年以上迁移人口占比 19.19%，北京、上海的迁入人口离户时长与全国分布相似，5~10 年的占比分别为 23.72% 以及 28.54%，10 年以上占比为 25.28% 以及 27.83%，北京市迁入人口中多数为 2005 年以前离开户籍地的迁移人口，而上海市迁入人口中则多数为 2005 年至 2010 年离开户籍地的迁移人口。受到经济发展程度影响，天津市迁入人口中占比最多的是一年至两年迁移人口组，为 29.93%，其次为半年至一年迁移人口组，为 15.44%，多数迁移人口离开户籍地时间相比北京、上海较短（表 4.9）。

表 4.9 全国、北京、天津、上海迁入人口离开户籍地时间 （单位:%）

	全国	北京	天津	上海
半年至一年	11.78	8.10	15.44	6.13
一年至二年	15.80	13.60	29.93	10.67

(续表)

	全国	北京	天津	上海
二年至三年	12.25	11.49	13.67	9.30
三年至四年	9.51	9.05	8.80	7.54
四年至五年	10.53	8.76	7.57	10.00
五年至十年	20.94	23.72	13.73	28.54
十年以上	19.19	25.28	10.87	27.83

资料来源：2015 年《全国流动人口动态监测数据》。

表 4.10 为北京、天津、上海以及全国的迁移人口流出地排序汇总概况，由表中结果可知，全国前六人口流出省份均为中部地区，其中安徽、河南、四川、湖南统计结果均在十万人以上，按照 2015 年 1% 抽样调查数据推算，安徽等省份当年度流出人口均高于 1 000 万人。北京、天津、上海受到地理位置影响，迁移人口中户籍所在地均出现明显的地域差异，北京、天津迁入人口排名前四地户籍所在地均属于北方地区，由于京津冀同属首都经济圈，河北迁移人口更青睐将北京、天津作为迁移目的地进行跨省迁入。而以上海为中心的长三角城市群迁移人口则更倾向于将上海作为目的地进行跨省迁入，除四川以外，上海市迁入人口中排名前六的户籍所在地均来自长三角城市群省份及邻近省份。不难看出以北京、天津、上海为例的中国超大城市迁入人口来源地均受到区位关系因素的显著影响。

表 4.10　全国、北京、天津、上海人口流出地概况

	全国	北京	天津	上海
流出地	安徽	河北	河北	安徽
	河南	河南	山东	江苏
	四川	山东	河南	河南
	湖南	黑龙江	黑龙江	四川
	江西	安徽	安徽	江西
	湖北	山西	湖北	浙江

资料来源：2015 年《全国流动人口动态监测数据》。

第二节 北京、上海、天津流动人口居留意愿实证分析

鉴于目前我国超大城市人口集聚现象日趋显著，为进一步研究我国超大城市人口机械增长影响因素，本节将研究从超大城市的流动人口长期居留意愿入手，依据近年中国城市流动人口监测数据，运用二元 Logistic 模型对北京、上海、天津的流动人口长期居留意愿进行实证分析，为中国超大城市流动人口居留意愿的彼此异同及影响机制提供实证结论。

一、人口居留意愿重点文献回顾

随着北京、上海等超大城市人口"天花板"的划定，中国一线城市流动人口数量出现下滑趋势，北京由于非首都功能疏解政策的出台，流动人口数量已经出现明显下降。上海由于"引进人才"的蓝印户口、居住证、工作证制度、就业证制度和综合保险政策等使外地人进入上海的难度不断增加。与此同时，以天津为代表的"新一线城市"则纷纷开始制定人才引进政策，吸引流动人口落户本地工作并定居。目前，学术界对于流动人口的研究不断深入，学者们分别从居留意愿的影响因素、流动主体、流动目的地以及城市融入因素四个领域对流动人口开展学术研究。

居留意愿影响因素是流动人口是否长期居留的主要作用指标。蔚志新（2013）通过 2010 年流动人口动态监测数据，从同住家庭成员人数以及住房状况方面入手，分析了流动人口居留意愿因素，发现住房条件的改善以及家庭成员共同聚居有利于流动人口产生长期居留的意愿。杨雪等（2017）通过控制月收入、住房支出等变量，发现收入水平会导致流动人口出现居留意愿发生分化现象。张华初等（2015）依据 2012 年广州市流动人口动态监测数据分析了融入意愿、社区活动、主观幸福感等因素，得出积极参加社区活动，具备良好的社区人际关系以及从主观上接受、喜欢并融入当地生活，有助于提高流动人口的长期居留意愿的产生。流动主体的个人特征会对长期居留决策产生直接的影响。于潇等（2017）将广东城市内"90后"流动人口作为研究对象，发现多数"90后"青年怀揣"重经历，闯天下"的理想时并不确定自身在某地的居留愿望，同时教育程度、婚姻状况以及职业身份等因素均对该部分流动人口产生显著影响。扈新强（2017）将流动人口进行新、老两代划分，通过对个体、经济实体、家庭等

分析研究后发现,老生代流动人口长期居留意愿普遍高于新生代流动人口,而性别、受教育程度和居住环境等因素会造成新、老两代流动人口居留意愿产生差异,其中,家庭成员的陪伴是新、老两代流动人口能否在本地安居的关键所在。流动目的地是对流动人口稳定在栖息地并创造长效价值重要影响因素。刘冉等(2016)通过2015年北京流动人口动态监测数据进行分析研究后发现,部分受教育程度低、家人未随迁、进京时间短、就业单位和收入不稳定等因素直接影响居留意愿。同时发现居住在城郊结合部的流动人口长期居留意愿明显低于居住在主城区的流动人口。杨东亮(2016)将东北流出人口作为研究对象,发现东北高学历人口、非农户籍人口流失严重,同时雇主身份的流动人口具有强烈的迁入地长期居留意愿。卢小君(2012)在研究中发现,大连市流动人口的社会融合度偏低,月收入水平、随迁家庭结构以及居留时间等因素均对居留意愿产生显著影响[1]。城市融入因素是影响流动人口在本地长期居留的主要因素之一,田明等(2014)以东部地区6个城市流动人口调查问卷为基础进行分析后发现,沈阳、北京经济融入程度较高,但制度融入和空间融入程度却较低,青岛制度融入程度较高,但经济融入程度较低,东莞空间融入程度较高,但社会融入程度较低[2]。李辉等(2019)通过对比新老生代农民工城市归属感差异后发现,劳动时间、住房性质、本地人歧视等因素对新生代农民工归属感具有显著影响,同时新生代农民工同老一代农民工归属感之间存在明显代际差异[3]。

回顾相关文献可以得知,受教育程度、收入状况、性别、婚姻状况、住房状况、本地融入感、家属是否随迁、原生家庭意见等因素均对流动人口的长期居留意愿造成影响,而不同的流动主体以及流动目的地也会造成流动人口居留意愿产生明显差异。因此本节将从个体特征、人力资本特征以及经济特征入手,对北京、上海、天津流动人口长期居留意愿进行对比分析,以求分析三大城市流动人口居留意愿及影响因素的异同。

二、数据来源及变量选取

本节主要利用2015年"全国流动人口动态监测数据"调查结果,对以

---

[1] 卢小君,王丽丽,赵东霞. 流动人口的社会融合对其居留意愿的影响分析——以大连市为例[J]. 大连理工大学学报(社会科学版),2012,33(4):32-37.

[2] 田明,彭宇. 流动人口城市融入的空间差异——以东部沿海6个城市为例[J]. 城市规划.

[3] 李辉,韩东,温馨. 新生代农民工城市归属感研究[J]. 吉林大学社会科学学报,2019(3).

北京、上海、天津为例的中国超大城市流动人口居留意愿影响因素进行多维度比较和系统分析研究。调查采取分层次、多阶段、与规模成比例的PPS方法抽样等方式，选取北京、上海、天津在本地居住一个月及以上非本区（县、市）户口的流动人口作为本次调查对象。本调查共涉及22 000个调查样本，剔除调查对象关键信息缺失等无效样本后，共获得18 264个有效样本，其中北京6 682人，占总样本量的36.5%；上海6 451人，占总样本的35.3%；天津5 131人，占总样本量的28.1%。调查内容包括年龄、性别、婚姻状况、收支状况、工作单位、工作年限、原生家庭情况等。

变量方面将流动人口在本地长期居留意愿作为被解释变量，通过调查问卷中"您今后是否打算在本地长期居住（5年以上）"作为题项进行测量并构建二分类变量。原文件中共包含"打算""不打算""没想好"三种选项设置，本节将"打算"编码为1，"不打算"以及"没想好"进行合并后编码为0。

同时将解释变量归类为流动人口个体特征、人力资本特征以及经济特征进行综合测量。个体特征包括年龄、性别、婚姻状况三个变量。年龄方面，将15~19岁年龄组编码为1；20~29岁年龄组编码为2；30~39岁年龄组编码为3；40~49岁年龄组编码为4；50岁及以上年龄组编码为5。性别方面，将男性编码为1；女性编码为2。婚姻状况方面，未婚编码为1；已婚、离异、丧偶合并后归为"已婚"，变量编码为2。人力资本特征包括本周工作时间、本次流动时间以及受教育年限三个变量。本周工作时间为被调查者在本周时间范围内的工作时间总量；本次流动时间为被调查者离开原户籍所在县（市、区）后到现居住地的总居留年份；受教育年限为把被调查者的学历水平转换为具体受教育年限，其中未上过学编码为0；小学学历编码为6；初中学历编码为9；高中学历编码为12；大专学历编码为15；大学本科编码为16；研究生及以上学历编码为19。经济特征包括：上个月就业收入、每月住房支出以及每月总支出三个变量。上个月就业收入方面：将3 000元及以下区间编码为1；3 001~6 000元区间编码为2；6 001~9 000元区间编码为3；9 001元及以上区间编码为4。住房支出方面：将1 500元及以下区间编码为1；1 501~3 000元区间编码为2；3 001~4 500元区间编码为3；4 501元及以上区间编码为4。月总支出方面：将1 500元及以下区间编码为1；1 501~3 000元区间编码为2；3 001~4 500元区间编码为3；4 501元及以上区间编码为4。

三、样本描述性统计

改革开放以后,随着我国经济的迅速腾飞,大批人口由农村、欠发达中小城市涌入各大城市中。以北京、上海、天津为代表的中国超大城市凭借着优越的政策优势、良好的城市基础设施建设、适宜的地理气候环境以及发达的交通网络,一直不断地吸引着全国各地的流动人口。这部分流动人群随着工作年份及融入度的增长,长期居留的意愿也不断增强。从表4.11中数据可以看出,北京、上海、天津的流动人口中有超过六成的务工人员具有长期留城意愿。其中,上海约有68%的流动人口有长期居留意愿,成为三个城市中居留意愿最强烈的城市。这也为中国超大城市的进一步发展提供了持续稳定的劳动力保障。

表4.11 变量描述性统计

变量名称	北京		上海		天津	
	均值	标准差	均值	标准差	均值	标准差
长期居留意愿	0.65	0.47	0.68	0.46	0.60	0.49
年龄	3.39	0.89	3.44	0.93	3.45	0.86
性别	1.43	0.50	1.42	0.49	1.41	0.49
婚姻状况	1.87	0.50	1.88	0.52	1.93	0.45
您个人上个月/上次就业的收入	2.12	1.02	2.09	0.93	1.70	0.75
过去一年家庭在本地月住房支出	1.49	0.84	1.34	0.71	1.16	0.46
过去一年家庭在本地月总支出	1.83	0.97	1.74	0.88	1.39	0.61
这周工作时间	46.94	15.17	48.50	13.40	51.34	16.51
本次流动年份	6.16	5.71	10.77	5.75	9.77	5.32
受教育年限	11.60	3.41	10.67	3.42	9.71	2.77

资料来源:2015年《全国流动人口动态监测数据》。

本研究共涉及18 264个样本,其中北京6 682人,上海6 451人,天津5 131人。表4.12为各解释变量样本统计情况,从年龄方面看,低年龄组人数最少占比最低,统计意义不强。中国超大城市各年龄占组比最多的是30~39岁年龄组,分别占比43.7%、40.4%及42.8%,壮年流动人口成为中国超大城市的主流占比。从性别角度来看,流动人口中男性比例较多,其中天津流动人口男性占比最高,为58.9%,上海其次,为57.9%,北京最低,为56.6%。从流动人口的婚姻状况来看,已婚人口远高于未婚人口,三大城市占比均超过80%,其中天津占比最大,为88.7%。从月收入角度来看,

第四章 中国超大城市人口集聚的人口增长机制分析

占比最大的群体是 3 001~6 000 元收入组，其次是 3 000 及 3 000 元以下收入组，北京、上海高收入组占比排名第三，分别为 15.8% 以及 12.2%。总体看，流动人口收入水平整体维持在中低收入水平，近年来，收入水平已开始出现两极分化的趋势，这多是受到本地区经济发展水平影响，和去杠杆化以及产业升级带来高新产业发展，拥有高级技能的流动人口开始出现高收入化现象有关。从本地住房支出角度可以看出，占比最大的是低于或等于 1 500 元每月支出的群体，流动人口由于受到户籍等因素制约，多选择外环"插间""自如"等租住形式，住房开支相对较低，同时，也有部分流动人口居住在免费房以及自有房中，因此，本支出组占比较大。从月总支出角度来看，占比最大的群体为 3 000 元及 3 000 元以下支出组，北京、上海、天津分别占比 47.3%、47.9% 以及 66.9%，受本地消费水平影响，天津占比最大，北京占比最小。受教育年限是衡量当地流动人口文化程度水平的主要指标之一，从表中数据可以看出，北京、上海、天津的平均受教育程度以初中和高中为主，分别为 11.60 年、10.67 年以及 9.71 年，其中北京流动人口平均受教育年限最高，上海、天津相对较低。从周工作时间来看，北京周工作时长最短，为 46.94 小时；上海次之，为 48.5 小时；天津工作时长最多，为 51.34 小时，天津相较北京流动人口每周约多工作 4.4 小时。从流动年份来看，北京流动人口平均流动年份最少，为 6.16 年，上海流动年份最多，为 10.77 年。数据说明，流动人口流动的时间越长，其工作经验越丰富，收入也在不断增加，长期居留意愿愈强烈（杨雪等，2017），上海平均流动年份最多，这与流动人口在上海长期居留意愿最强是一致的。

表 4.12 分变量描述性统计

变量	北京		上海		天津	
	频率（均值）	百分比（标准差）	频率（均值）	百分比（标准差）	频率（均值）	百分比（标准差）
被解释变量						
您是否打算在本地长期居住						
否	2 290	34.3	2 059	31.9	2 046	39.9
是	4 392	65.7	4 392	68.1	3 085	60.1
解释变量						
年龄						
15~19 岁	2	0	0	0	1	0
20~29 岁	1 009	15.1	1 007	15.6	619	12.1

(续表)

变量	北京		上海		天津	
	频率（均值）	百分比（标准差）	频率（均值）	百分比（标准差）	频率（均值）	百分比（标准差）
30~39 岁	2 923	43.7	2 607	40.4	2 196	42.8
40~49 岁	1 883	28.2	1 828	28.3	1 686	32.9
≥50 岁	865	12.9	1 009	15.6	629	12.3
性别						
男	3 784	56.6	3 733	57.9	3 022	58.9
女	2 898	43.4	2 718	42.1	2 109	41.1
婚姻状况						
未婚	1 180	17.7	1 130	17.5	579	11.3
已婚	5 502	82.3	5 321	82.5	4 552	88.7
您个人上个月/上次就业的收入						
≤3 000 元	2 086	31.2	1 722	26.7	2 271	44.3
3 001~6 000 元	2 796	41.8	3 199	49.6	2 334	45.5
6 001~9 000 元	743	11.1	740	11.5	342	6.7
>9 000 元	1 057	15.8	790	12.2	184	3.6
过去一年家庭在本地月住房支出						
≤1 500 元	4 639	69.4	4 913	76.2	4 429	86.3
1 501~3 000 元	1 141	17.1	1 083	16.8	609	11.9
3 001~4 500 元	583	8.7	242	3.8	48	0.9
>4 500 元	319	4.8	213	3.3	45	0.9
过去一年家庭在本地月总支出						
≤3 000 元	3162	47.3	3 092	47.9	3 432	66.9
3 001~6 000 元	2167	32.4	2 376	36.8	1 493	29.1
6 001~9 000 元	697	10.4	527	8.2	134	2.6
>9 000 元	656	9.8	456	7.1	72	1.4
受教育年限	11.60	3.41	10.67	3.42	9.71	2.77
这周工作时间	46.94	15.174	48.5	13.403	51.34	16.507
本次流动时间	6.16	5.71	10.77	5.75	9.77	5.32

注：分类变量报告频率和百分比，连续变量报告均值和标准差。

四、流动人口长期居留意愿特点

通过表 4.13 数据可以发现，以北京、上海、天津为例的中国超大城市流动人口居留意愿具有一定程度的差异现象。从性别角度来看，北京、上海的男性长期居留意愿均高于女性，分别高出1.3个百分点以及0.6个百分点，而天津则呈现出相反趋势，男性长期居留意愿低于女性2.7个百分点，女性居留意愿明显强于男性，这与以往全国流动人口居留意愿研究相似。不同年龄组流动人口居留意愿差异主要出现在20~29岁年龄组，样本年龄组中北京、天津计划长期居留的流动人口比例均不超过50%，青年流动人口由于工作、收入、交通等原因对现居住城市长期居留意愿较弱，而上海的青年流动人口则显示出较强的居留意愿，同组数据中有55.2%的调查对象选择长期居留，这或许由于上海凭借国际金融中心的软实力，给予青年工作者更多发展空间以及居留信心所导致的。研究中还发现，随着年龄组的不断提升，流动人口的居留意愿呈逐渐增强态势，在40~49岁年龄组达到顶点，北京、上海及天津分别有74.00%、72.50%以及65.80%的流动人口打算长期居留，留城意愿明显强于其他年龄组，而50岁以上年龄组人口居留意愿则会显著下降，天津下降幅度最大，与上一个年龄组同比下降11.6个百分点。从婚姻状态看，已婚流动人口居留意愿明显强于未婚流动人口，而在未婚流动人口中，北京、天津的留城意愿分别为44.90%和46.50%，远低于上海55.40%的居留意愿。

收入水平是衡量流动人口经济状况最常见的指标之一。表4.13显示，中国超大城市人口居留意愿随月收入水平提升而逐渐增强，北京、上海及天津超过9000元收入的高收入人群居留意愿分别达到84.90%、89.40%以及81.50%，说明收入水平的提高对流动人口居留信心起到了正向促进作用。

为进一步研究经济状况对流动人口居留意愿的动态影响，研究分别从北京、天津、上海的本地住房支出以及本地月总支出入手进行进一步探究，从两项指标的相关分析来看，伴随着本地住房支出以及月总支出的提升，流动人口的居留意愿不断增强，分别在超过4500元以及超过9000元的临界点时达到最大值，天津的流动人口居留意愿增长趋势与北京、上海相比略有差异，表中数据显示，在3000~4500元住房支出区间中，有91.70%的流动人口打算在本地长期居住，达到居留意愿的最高值，随后流动人口居留意愿随着住房支出的逐渐提升而产生下降趋势。此外在月总支出的相关分析中也出现相同结果，月总支出在6000~9000元区间中，天津有83.60%的流动人口做出留城打算，但随着总支出的进一步提升，本地居留意愿开始下降，在超过9000元的高支出群体内，居留意愿下降至79.20%，下降了4.4个百分点。

表 4.13 流动人口居留意愿统计

变量	北京		上海		天津	
	打算(%)	不打算(%)	打算(%)	不打算(%)	打算(%)	不打算(%)
性别						
男	66.30	33.70	68.30	31.70	59.00	41.00
女	65.00	35.00	67.70	32.30	61.70	38.30
年龄						
15~19 岁	50.00	50.00	0.00	0.00	0.00	100.00
20~29 岁	43.60	56.40	55.20	44.80	45.40	54.60
30~39 岁	67.30	32.70	69.80	30.20	61.70	38.30
40~49 岁	74.00	26.00	72.50	27.50	65.80	34.20
≥50 岁	68.10	31.90	68.50	31.50	54.20	45.80
婚姻状况						
未婚	44.90	55.10	55.40	44.60	46.50	53.50
已婚	70.20	29.80	70.80	29.20	61.90	38.10
上月收入						
≤3 000 元	55.20	44.80	58.40	41.60	57.00	43.00
3 001~6 000 元	63.30	36.70	65.40	34.60	59.70	40.30
6 001~9 000 元	77.00	23.00	79.60	20.40	72.20	27.80
>9 000 元	84.90	15.10	89.40	10.60	81.50	18.50
住房支出						
≤1 500 元	59.90	40.10	64.30	35.70	56.50	43.50
1 501~3 000 元	74.70	25.30	77.10	22.90	83.10	16.90
3 001~4 500 元	83.70	16.30	81.80	18.20	91.70	8.30
>4 500 元	86.20	13.80	94.80	5.20	73.30	26.70
月总支出						
≤3 000 元	50.70	49.30	56.00	44.00	50.70	49.30
3 001~6 000 元	74.10	25.90	74.90	25.10	78.80	21.20
6 001~9 000 元	87.70	12.30	86.50	13.50	83.60	16.40
>9 000 元	87.30	12.70	93.40	6.60	79.20	20.80

注：北京、上海、天津的性别 P 值分别为 0.286、0.607、0.060，其余变量 P 值均为 0.000。

五、流动人口长期居留意愿影响机制分析

通过对性别、年龄、婚姻状况等变量与长期居留意愿进行交互分析后的数据显示，各变量间与中国超大城市流动人口长期居留意愿存在密切关联，

因此，本节采用二分类 Logistic 回归模型对各变量影响机制进行进一步实证分析。该分析将长期居留意愿分为打算长期居住以及不打算长期居住两种情况，分别赋值为"1"和"0"，具体建立二元 Logistic 回归模型形式如下：

$$Y_i = \alpha + \beta_1 X_1 + \beta_2 X_2 + \cdots + \beta_h X_h + \mu$$

式中，Y_i 为因变量；α 为常数项；β 为自变量待估系数；X 为自变量；μ 为随机误差项。

表 4.14 是各变量对北京、上海、天津流动人口长期居留意愿的二分类 Logistic 回归分析结果，模型综合考察个体特征、人力资本特征以及经济特征对流动人口长期居留意愿的影响，对表四模型回归结果简要分析如下。

个体特征组包括年龄、性别、婚姻状况三个变量。年龄方面，以 50 岁及以上年龄组作为参照，多数年龄组没有通过显著性检验，其中北京 20~29 岁年龄组在 10% 显著性水平下显著，模型结果显示 20~29 岁年龄组长期居留意愿是 50 岁及以上年龄组的 0.799 倍，表明青年流动人口长期居留意愿没有老年流动人口居留意愿强烈，这可能是由于青年流动人口工作经验积累不足，缺乏同岗位竞争力，就职岗位不稳定，收入较低所导致。同时以天津 50 岁及以上年龄组作为参照，天津 30~39 岁年龄组以及 40~40 岁年龄组分别显示出较强的长期居留意愿，30~39 岁年龄组居留意愿为参照组的 1.309 倍，40~49 岁年龄组居留意愿为参照组的 1.34 倍，天津相较于北京、上海仍处于发展潜力较大的城市，这两个年龄组的人口处于事业快速上升期，他们对工作收入以及户籍落户具有较强的愿景。一方面天津平均收入水平处于全国一线行列，另一方面天津消费水平相比北京、上海仍有较大差距，收支盈余带来的幸福感增长加强了这部分人群的居留意愿。同时，天津户籍政策相比北京、上海较为宽松，这两个年龄组的流动人口劳动技能高、工作经验长，在天津落户的可能性较高，因而对天津的长期居留意愿较强。性别方面，以男性作为参照组，北京没有通过显著性检验，说明性别对北京流动人口长期居留意愿没有显著影响。上海、天津分别通过显著性检验，上海女性的长期居留意愿是男性是 1.153 倍，天津女性的长期居留意愿是男性的 1.122 倍，女性流动人口的居留意愿相较男性而言更加强烈，这或许是由于三大城市产业布局所导致的，女性流动人口在天津、上海获得更多的职业认同感以及满意的收入，因而，居留意愿相对男性更强。婚姻方面，以未婚人口作为参照组，北京、上海、天津均通过显著性检验，其中北京已婚人口居留意愿最强，是参照组的 1.547 倍，上海、天津分别为 1.362 倍以及 1.337 倍，流动人口中有配偶的人群生活相对较为稳定，因而居留意愿更为强烈。

人力资本特征包括受教育年限、周工作时间以及工作流动年份三个变量。受教育年限方面，北京、上海、天津的受教育年限对流动人口长期居留意愿具有显著正面影响，表中数据显示，受教育程度越高，长期居留意愿越强烈，其中，天津最为显著，受教育水平每增加 1 个单位，天津流动人口居留意愿的风险发生比便会提高 12.8%，高学历人口融入城市生活理念的能力较强，市场竞争力较高，更有利于在流入地长期居住。在本周工作时间方面，北京、上海、天津均通过显著性检测，但影响较小。其中北京工作时间每增加 1 个单位，长期居留风险发生比会增加 0.07%，而上海、天津则为负向影响机制，劳动时间每增加 1 个单位，上海和天津的长期居留风险比分别降低 0.4%以及 0.7%。与上海、天津相比，北京是一个更加提倡拼搏的城市，"北漂"为了获得更好的薪资待遇以及职业发展，他们会适当减少自身体验城市生活的空余时间用于工作，自愿或被动加班成为这部分人群获得留京机会的主要途径，因而，在北京的工作时间越长，长期居留意愿越强烈。本次工作流动年份中，北京、上海、天津的流动年份均对流动人口长期居留意愿具有显著正影响，工作流动年份越长，长期居留意愿越强烈，其中天津影响最为显著，流动年份每增加一年，长期居留意愿发生比便会提高 15.8%，北京次之，流动年份每增长一年，长期居留意愿发生比提高 12.4%，上海最低，居留意愿发生比提升仅为 9.2%。

表 4.14　长期居留意愿影响因素的回归结果

自变量	模型 1 北京		模型 2 上海		模型 3 天津	
	B	Exp(B)	B	Exp(B)	B	Exp(B)
年龄（≥50 岁）						
15~19 岁	-0.125	0.883	0	0	-20.096	0
20~29 岁	-0.224	0.799*	-0.051	0.95	0.038	1.039
30~39 岁	-0.1	0.905	-0.016	0.984	0.269	1.309**
40~49 岁	0.04	1.04	0.062	1.064	0.293	1.34***
性别（男性）	0.054	1.056	0.142	1.153**	0.115	1.122*
婚姻状况（未婚）	0.436	1.547***	0.309	1.362***	0.291	1.337**
受教育年限	0.073	1.076***	0.051	1.052***	0.12	1.128***
您个人上个月/上次就业的收入（>9 000 元）						
≤3 000 元	-0.342	0.711***	-0.796	0.451***	-0.195	0.823
3 001~6 000 元	-0.331	0.718***	-0.577	0.562***	-0.168	0.845

第四章 中国超大城市人口集聚的人口增长机制分析

(续表)

自变量	模型1 北京		模型2 上海		模型3 天津	
	B	Exp(B)	B	Exp(B)	B	Exp(B)
6 001~9 000元	−0.128	0.88	−0.281	0.755*	−0.15	0.861
过去一年家庭在本地月住房支出(>4 500元)						
≤1 500元	0.214	1.239	−0.326	0.722	0.145	1.157
1 501~3 000元	0.039	1.039	−0.514	0.598	0.617	1.853
3 001~4 500元	0.124	1.132	−0.908	0.403**	1.198	3.314*
过去一年家庭在本地月总支出(>9 000元)						
≤3 000元	−1.16	0.314***	−1.57	0.208***	−0.67	0.512*
3 001~6 000元	−0.532	0.587***	−1	0.368***	0.225	1.252
6 001~9 000元	0.247	1.28	−0.44	0.644*	0.317	1.373
本周工作时间	0.007	1.007***	−0.004	0.996*	−0.007	0.993***
本次流动时间	0.117	1.124***	0.088	1.092***	0.147	1.158***
常量	−0.601	0.548**	1.362	3.904***	−1.861	0.155***
Cox & Snell R^2	0.178		0.128		0.185	
Nagelkerke R^2	0.245		0.18		0.25	

注：*** $P<0.01$，** $P<0.05$，* $P<0.1$。

经济特征包括上个月就业收入、每月住房支出以及每月总支出三个变量。上个月就业收入方面，以收入大于9 000元区间作为参照组。北京、上海多数收入组均通过显著性检验，通过模型结果可以发现，北京低收入组（收入小于等于3 000元）长期居留意愿是高收入组（收入大于等于9 000元）的0.711倍，而上海同组收入组数据为0.451倍；北京中高收入组（收入在3 000~6 000元）长期居留意愿为高收入组的0.718倍，而上海同收入组数据为0.562倍。由此可以看出，随着收入水平的上升，北京、上海的流动人口居留意愿也在逐步增强并且呈现出稳定上升的趋势。流动人口从农村或中小城市向外流出，多以追求高收入作为迁移目的，收入水平的提高可以带来流动人口生活条件的改善以及子女接受更好教育机会，进而影响流动人口的长期居留愿望。随着低收入人群的劳动技能逐渐提高，岗位竞争力逐渐增强，这部分群体逐渐在劳动力市场中获得更高薪资水平的职位，同时工作稳定性也逐渐改善，城市生活风险进一步被降低，也增强了这部分群体的居留意愿。从模型结果中也可以看到，天津没有收入组通过显著性检验，说明就业收入对天津流动人口没有显著影响，但从发生比来看，各收入组长期居留意愿均随收入水平的增长而不断增强，符合同规模城市发展规律。在本地住房支出方面，以大于4 500元支出组作为参照组，多数支出区间没有通过显著性检验，其中上海、天津的中高支出组（支出在3 001~4 500元）分别在5%以及10%显著性水平下显著，模型显示，上海的中高支出组长期居留意愿是高支出组（支出大于等于4 500元）的0.403倍，而天津的中高支出组长期居留意愿为高支出组的3.314倍，同支出组数据居留意愿差距较大，虽然多数支出组没有通过显著性检验，但从发生比来看，北京、上海、天津的波动趋势均不相同，具体原因也有待于后续研究继续探索。从本地月总支出来看，以大于9 000元支出组作为参照组，多数支出组均通过显著性检验，其中低支出组（支出小于等于3 000元）中上海的长期居留意愿最低，为高支出组（支出大于9 000元）的0.208倍，天津的长期居留意愿最高，为高支出组的0.512倍，北京的长期居留意愿适中，为高支出组的0.314倍，低支出人群相较高支出人群长期居留意愿较差，这或许因为低支出群体多从事专业技能较低、工作稳定性差的行业，收入相较其他群体较差。流动人口的各项支出高低直接决定该家庭流动人口的生活水平，流动人口月总支出越多，生活所需收入就越多，薪资收入越高，可以提升的生活水准的空间也越大，本地居留意愿越强烈。在中等支出组中（支出在3 001~6 000元），北京、上海的中等支出组分别相较低支出组的居留意愿风险比上升了27.3%以及16%，上升幅度较大，而中高支出组（支出在6 001~9 000元）北京虽然没有通过显著性检验，但从发生比来看仍有较大幅度的上升，同时，上海的中高支出组相较中等支出组居留意愿风险比上升了27.6%，由此可见，在中国超大城市中，月总支出的提高会增强流动人口的长期居留意愿。

综合分析实证结果可以得出以下结论。

北京方面，流动人口长期居留意愿受其婚姻状况和本周工作时长双重影响。婚姻状况对北京市流动人口居留意愿具有显著正向影响，相较未婚流动人口而言，已婚流动人口长期居留意愿更强，且明显高于上海、天津同组数据。工作时长对北京市流动人口居留意愿具有显著正向影响机制，即工作时间越长，流动人口居留意愿越强，与全国其他城市影响机制产生明显差异。上海方面，流动人口长期居留意愿受其性别和收支水平双重正影响。研究发现，性别对上海市流动人口长期居留意愿有显著正向影响作用，女性流动人口相较男性而言更倾向于在上海长期居留。收支水平对上海市流动人口居留意愿具有显著正向影响作用，但作用效果相较北京、天津而言更小。天津方面，流动人口长期居留意愿受其受教育年限和流动时间双重正影响。随着天津市流动人口受教育年限以及流动时间的增加，流动人口长期居留意愿也越来越强。由于各地经济状况、产业分布、教育布局、地理环境等因素，北京、上海、天津的流动人口长期居留意愿存在着一定差异，但也存在部分相同之处。首先，我国超大城市流动人口年龄状况对长期居留意愿影响显著性较差，各年龄段分布对流动人口的居留意愿影响较低；其次，性别因素对流动人口长期居留意愿影响显著性较弱；最后，住房支出等因素对以北京、上海、天津为例的超大城市影响显著性较低。

第三节　小结

人口集聚是受到人口自然增长和人口机械增长共同作用的人口集中现象，本章分为两个部分对中国超大城市人口集聚现象进行了数据比对和实证分析，考察了以北京、天津、上海为例的中国超大城市人口自然增长和机械增长的异同点，随后基于机械增长数据，建立超大城市流动人口居留意愿实证模型，简要分析流动人口居留意愿影响因素及各地区差异。

本章第一部分首先利用全国人口普查数据以及流动人口动态监测数据，对人口增长现象进行了对比分析，发现目前我国超大城市人口生育率均呈现稳步上升趋势，但各城市间育龄妇女总和生育率差异较大，总体来看我国超大城市妇女总和生育率均远低于全国平均水平，其中天津市妇女生育率水平最高，北京市最低，且北京市女性生育年龄已逐渐进入高生育年龄模式。在机械增长方面，目前我国超大城市迁入人口中，主要以从事商业、服务业的工作就业人员为主，且跨省迁入人口比重远高于全国平均水平，同时迁入人口受教育程度呈现稳步上升趋势，而迁入人口的迁移意向较容易受到区位关系因素的显著影响。

在第二部分中，本章基于超大城市流动人口居留意愿因素影响机制建立二元 Logistic 回归模型进行实证分析，结果表明，北京市流动人口长期居留意愿受其婚姻状况和本周工作时长双重影响，天津市流动人口长期居留意愿受其受教育年限和流动时间双重正影响，而上海市流动人口长期居留意愿受其性别和收支水平双重正影响，同时发现年龄状况、性别因素以及住房支出等因素对我国超大城市流动人口居留意愿影响显著性较低。

综上所述，目前我国超大城市人口集聚现状已出现明显差异，由此导致城市未来发展定位开始远离趋同化效应，促使政府调整城市产业布局和人才吸引政策，帮助城市人口集聚现象走上多元化的科学发展道路。因此，未来政府应在保证户籍人口生育率稳定发展的前提下，针对本地实际情况制定相应政策法规，为外来流动人口提升城市归属感，增强社会融入度，进而促进流动人口长期居留意愿的提升，以推进经济转型和社会经济的高质量发展。

第五章　中国超大城市产业集聚与人口集聚的影响机制分析

Hirsh 认为城市是具有相当面积、经济活动和住户集中，以致在私人企业和公共部门产生规模经济的连片地理区域（张敦富，2005），人口集聚和产业集聚共同构成城市发展的基础载体，目前我国超大城市人口与产业发展已出现融合性、多样性以及协同性特征，人口集聚与产业集聚相互影响相互交融的形式日趋显著，以北京、天津、上海为例的中国超大城市纷纷出台总体规划，以期合理解决城市发展中集聚不均等现象。本章通过中国超大城市产业结构、产业集聚度等指标对产业集聚发展现状进行分析解构，同时将人口集聚指标与产业集聚指标通过 PVAR 模型进行度量，分析各变量之间相互影响的关系进而研究其变动趋势。

第一节　产业集聚现状分析

一、产业分布现状

产业结构是衡量一个城市或地区经济发展模式的重要指标之一，我国超大城市产业分布特征各不相同，但总体已形成第三产业为主，第二产业为辅，第一产业为基础的分布特点，同时随着我国超大城市产业结构进一步调整，第三产业占比逐年提高，已开始形成较为科学的产业结构特征。表 5.1 为 2000—2015 年以北京、天津、上海为例的中国超大城市三大产业增加值汇总表，从表中数据可以看出，三大城市在 2015 年底均形成第三产业为主体的产业布局结构，其中北京、天津、上海 2015 年第三产业增加值分别达到 18 331.74 亿元、8 625.15 亿元以及 17 274.62 亿元，而天津市作为"新一线城市"的代表，在 15 年间第三产业增加值增幅上升幅度最大，由 2000 年的 863.83 亿元上升为 2015 年的 8 625.15 亿元，年均增长 70.5%，同时期三大城市的第二产业增加值增长幅度较低，对比 2000 年数据，到 2015

年年底，北京、天津、上海年均增幅分别为27.4%、55.7%以及23.1%，城市产业定位已开始逐步切合科学发展基调。

表5.1 北京、天津、上海三大产业增加值　　（单位：亿元）

年份	北京市			天津市			上海市		
	第一产业	第二产业	第三产业	第一产业	第二产业	第三产业	第一产业	第二产业	第三产业
2000	79.25	1 033.29	2 092.9	73.69	863.83	764.36	76.68	2 231.93	2 503.54
2001	78.6	1 137.1	2 541.6	78.73	959.06	881.3	78	2 431.38	2 748.28
2002	80.5	1 245.7	3 054.2	84.21	1 069.08	997.47	79.68	2 654.47	3 060.87
2003	81.8	1 482.4	3 522.1	89.91	1 337.31	1 150.82	81.02	3 249.43	3 431.93
2004	85.3	1 845.5	4 211.9	105.28	1 708.02	1 328.05	83.45	3 947.01	4 134.92
2005	88.68	2 026.51	4 854.33	112.38	2 135.07	1 658.19	90.26	4 451.11	4 824.17
2006	85.4	2 177.9	6 007.7	103.35	2 497.92	1 917.67	93.81	5 056.43	5 567.8
2007	99.4	2 493.9	7 438.1	110.19	2 941.83	2 268.66	102.61	5 674.34	6 891.94
2008	111.4	2 592.9	8 638.8	122.58	3 776.9	2 912.04	112.79	6 207.97	7 956.03
2009	116.8	2 804.2	9 445.4	128.85	4 063.96	3 434.71	115.8	6 143.59	9 028.17
2010	124.36	3 388.38	10 600.84	145.58	4 840.23	4 238.65	117.79	7 376.81	9 942.25
2011	134.4	3 678	12 740.4	159.72	6 058.88	5 261.72	130.17	8 128.44	11 280.46
2012	148.1	3 962.6	14 141.7	171.6	6 828.04	6 111.23	133.26	8 063.93	12 361.79
2013	159.8	4 392.8	15 777.4	188.45	7 276.68	6 905.03	131.29	8 147.16	13 985.61
2014	159.2	4 663.4	17 121.1	201.53	7 765.91	7 755.03	131.59	8 434.97	15 501.64
2015	140.21	4 542.64	18 331.74	208.82	7 704.22	8 625.15	125.53	8 259.03	17 274.62

资料来源：2000—2015年《北京统计年鉴》《天津统计年鉴》《上海统计年鉴》。

从三大城市产业增加值所占比重来看，北京市2000年产业比重约为1∶3∶6，到2015年产业比重变更为1∶2∶7，第二产业比重出现下降趋势，第三产业比重逐年提升。天津市产业比重由2000年的1∶5∶4变化为2015年的1∶4∶5，虽产业结构变更方式与北京相似，但仍是二、三产业占比参半的城市发展模式。上海市2000年的产业比重约为1∶4∶5，经过15年发展变更为1∶3∶6，受上海区位因素的影响，第二产业比重仍占比较大。从统计数据总体来看，三大城市产业增加值比重转变方式大体相似，均出现第二产业比重下降，第三产业比重上升的趋势，其中北京已成为第三产业占主导地位的发达城市产业布局，成为其他城市未来发展的借鉴样板。

二、产业结构高度化现状

随着我国超大城市人均GDP的逐年上升，人口对于物质需求的多样化逐渐导致消费结构的转变，进而导致城市产业结构的不断升级，产业结构高度化开始成为产业集聚的重要影响因素。宋锦剑在2000年提出多项产业结构高度化的测度指标，本节选取霍夫曼比例以及产业结构高度化指标进行中国超大城市产业高度化现状分析。考虑到数据获取度以及代表性，参考宋锦剑以及王莹莹等（2015）研究成果，本研究采用第三产业与第二产业比值表示产业结构高度化指标，规模以上轻工业总产值与规模以上重工业总产值之比表示霍夫曼比例，部分缺失数据采用中值补齐法或采用轻重工业总产值代替。

霍夫曼比例＝规模以上轻工业总产值/规模以上重工业总产值×100%

产业结构高度化＝第三产业增加值/第二产业增加值

表5.2为北京、天津、上海的霍夫曼比例测算结果，从表中数据来看，2000年天津市霍夫曼比例最高为69.49%，北京市最低为33.89%，随后三大城市虽随年份产生小幅度波动，但整体呈现下降趋势，其中北京市、上海市2002年至2003年间下降幅度最大，分别下降5.26%和12.61%，天津市2000年至2001年降幅最大，单年份下降17.35%，随后在2008年下降至最低点15.92%，随后开始小幅度上升，于2015年上升至29.37%，霍夫曼比例的上升表示天津市随着社会经济的发展，轻工业产业得到发展并完善，最终使天津市霍夫曼比例逐年升高。从总体数据来看，三大城市2015年霍夫曼比例均远低于50%，说明以北京、天津、上海为例的中国超大城市工业化道路仍以重工业为主体产业。

表5.2　北京、天津、上海霍夫曼比例对比　　　（单位:%）

年份	北京	天津	上海
2000	33.89	69.49	60.79
2001	34.70	52.14	54.94
2002	32.23	48.13	51.26
2003	26.96	40.26	38.65
2004	23.33	29.22	34.67
2005	20.15	25.42	32.31
2006	18.10	20.93	29.24
2007	18.49	16.87	28.33
2008	19.16	15.92	27.74
2009	19.05	18.29	28.06
2010	17.09	19.48	26.53

(续表)

年份	北京	天津	上海
2011	18.13	21.07	26.46
2012	18.21	24.29	27.73
2013	17.14	27.36	27.52
2014	16.17	26.40	27.30
2015	17.59	29.37	27.09

资料来源：2000—2015年《北京统计年鉴》《天津统计年鉴》《上海统计年鉴》。

表5.3为北京、天津、上海产业结构高度化指标，测算结果表明，北京市产业结构高度化程度最高，上海其次，天津偏低。2000年北京市产业高度化指数为2.03，到2015年上升至4.04，年均增长0.12，同时期对比天津市和上海市的年均增幅分别为0.01和0.06，上升幅度较小。从总体结果来看，北京市霍夫曼结构比例相较更为合理，产业结构升级带来的经济红利通过技术进步等因素进一步驱动产业模式转型，使产业升级走上质变带动量变，再由量变引起质变的良性发展道路。

表5.3 北京、天津、上海产业结构高度化指标对比

年份	北京	天津	上海
2000	2.03	0.88	1.12
2001	2.24	0.92	1.13
2002	2.45	0.93	1.15
2003	2.38	0.86	1.06
2004	2.28	0.78	1.05
2005	2.40	0.78	1.08
2006	2.76	0.77	1.10
2007	2.98	0.77	1.21
2008	3.33	0.77	1.28
2009	3.37	0.85	1.47
2010	3.13	0.88	1.35
2011	3.46	0.87	1.39
2012	3.57	0.90	1.53
2013	3.59	0.95	1.72
2014	3.67	1.00	1.84
2015	4.04	1.12	2.09

资料来源：2000—2015年《北京统计年鉴》《天津统计年鉴》《上海统计年鉴》。

三、产业集聚现状

通过前文关于产业分布以及产业高度化指数的分析，可以看出以北京、天津、上海为例的中国超大城市产业发展趋势各不相同，因此本文将通过产业集聚测度指标进一步分析我国超大城市产业集聚情况。

对产业集聚测度的方法，目前主要有产业密度、市场集中度、空间基尼系数、区位熵指数、EG指数等相关测度指标，本章结合现有研究文献，采用直观表达产业集聚程度的产业密度，以及使用最广的区位熵指数对北京、天津、上海的产业集聚程度进行测算。

1. 产业密度

产业密度是最为直观地反映一个地区产业集聚情况的测算指标，从现有关于产业集聚文献来看，学者多用单产业就业密度来表示产业密度，计算公式为：

产业密度 = 产业就业人数/土地面积

表5.4为北京市、天津市、上海市第二产业就业密度（下简称二产密度）与第三产业就业密度（下简称三产密度）计算结果。从表中数据可以看出，2000年北京市、上海市三产密度略高于二产密度，两种产业集聚水平相差不大，而天津市二产密度略高于三产密度，第二产业集聚程度较高。经过十五年的发展，北京市、天津市、上海市三产密度迅速上升，到2015年三大城市三产密度均高于二产密度，第三产业集聚程度快速上升，其中北京市上升幅度最大，同年度三产密度高于二产密度3.43倍，北京市第三产业集聚程度达到中国超大城市前列水平。

表5.4 北京、天津、上海产业密度对比

（单位：人数/平方千米）

年份	北京		天津		上海	
	第二产密度	第三产密度	第二产密度	第三产密度	第二产密度	第三产密度
2000	127	206	186	154	579	587
2001	132	208	178	162	498	614
2002	143	229	172	172	505	610
2003	138	253	184	174	500	682
2004	144	341	187	185	498	737
2005	141	356	190	195	508	757
2006	137	386	197	207	661	837

(续表)

年份	北京		天津		上海	
	第二产密度	第三产密度	第二产密度	第三产密度	第二产密度	第三产密度
2007	139	398	219	231	541	809
2008	126	433	228	250	669	914
2009	122	449	235	268	667	935
2010	124	468	253	295	700	962
2011	134	482	265	313	702	981
2012	130	510	277	336	694	993
2013	128	533	296	355	756	1 323
2014	129	545	286	392	752	1 331
2015	129	570	268	427	725	1 350

资料来源：2000—2015年《北京统计年鉴》《天津统计年鉴》《上海统计年鉴》。

2. 区位熵指数

区位熵常用来衡量特定区域的某一产业的专业化程度，是指某个特定地区的某产业产值占该地区总产值的比重与全国某产业占总产值比重的比例，具体公式为：

$$LQ_{ij} = \frac{e_{ij}/e_j}{E_i/E}$$

其中 LQ_{ij} 是区域 j 内产业 i 的区位熵指数；e_{ij}/e_j 是产业 i 在区域 j 中总产值或 GDP 中所占份额；E_i/E 是产业 i 在全国中所占的份额。LQ_{ij} 越大，说明产业 i 在区域 j 中的集聚程度越显著，如果区位熵数值高于1，说明该地区产业集聚规模高于全国平均水平，如果区位熵数值低于1，说明集聚规模低于全国平均水平。

根据以上公式可以计算得出北京、天津、上海的轻工业熵、重工业熵、第二产业熵以及第三产业熵，结果如表5.5、表5.6所示。

表5.5是北京市、天津市、上海市2000年至2015年轻工业、重工业熵计算结果，由表可知，三大城市轻工业熵虽在个别年份有所波动，但整体呈现下降趋势，北京、天津、上海分别下降0.24、0.40以及0.21，其中天津市在2008年下降至最低点0.10，后受到产业布局发展的因素，轻工业集聚程度于2009年开始回升，到2015年上升至0.28，但总体来看三大城市轻工业集聚程度均小于1，表示集聚程度低于全国平均水平。从重工业熵来看，北京、天津经过十五年的发展，重工业熵均出现下降趋势，天津受2008年

产业布局发展影响，总体降幅较小，上海市重工业集聚程度在十五年间有所上升，重工业熵由2000年的0.91上升至2015年的1.25，共增加0.33。从总体来看，北京市、上海市的重工业集聚程度较高，均高于全国平均水平，专业化程度较高，天津市重工业集聚程度略低于全国平均水平，专业化程度适中。

表5.5 北京、天津、上海轻、重工业熵指数对比

年份	轻工业			重工业		
	北京	天津	上海	北京	天津	上海
2000	0.43	0.68	0.55	1.27	0.98	0.91
2001	0.48	0.57	0.53	1.38	1.09	0.96
2002	0.46	0.53	0.49	1.42	1.11	0.96
2003	0.37	0.45	0.38	1.35	1.11	0.99
2004	0.33	0.33	0.36	1.39	1.13	1.04
2005	0.24	0.28	0.33	1.21	1.09	1.03
2006	0.22	0.24	0.31	1.21	1.13	1.05
2007	0.21	0.11	0.29	1.14	0.66	1.02
2008	0.23	0.10	0.29	1.18	0.66	1.06
2009	0.23	0.12	0.30	1.19	0.67	1.07
2010	0.20	0.22	0.29	1.20	1.15	1.07
2011	0.21	0.23	0.28	1.18	1.11	1.06
2012	0.21	0.26	0.28	1.16	1.06	1.03
2013	0.20	0.28	0.30	1.15	1.02	1.09
2014	0.18	0.25	0.31	1.10	0.96	1.15
2015	0.18	0.28	0.34	1.04	0.95	1.25

资料来源：2000—2015年《北京统计年鉴》《天津统计年鉴》《上海统计年鉴》。

表5.6是北京市、天津市、上海市的第二产业熵、第三产业熵计算结果，由表中数据可知，2000—2015年，北京市、上海市第二产业集聚程度均有所下降，其中上海市第二产业集聚程度从2006年开始低于全国平均水平，到2015年下降至0.79，而同期天津市第二产业集聚程度相较2000年出现轻微上升趋势，十五年间共增长0.04。总体来看，多数中国超大城市随着经济社会的进一步发展，第二产业集聚程度均出现发散趋势，城市产业结构布局得到明显优化。从表中第三产业区位熵可以看出，北京、天津、上海的第三产业集聚程度均有所上升，其中北京市上升幅度最大，十五年内共增长0.52，大体相当于全国第三产业集聚平均水平的两倍。从总体上看，中

国超大城市伴随产业优化升级,第三产业集聚趋势进一步显著,按相同趋势估算,未来中国超大城市产业布局将与发达国家超大城市产业布局接轨,形成以第三产业为主体的现代产业布局模式。

表5.6 北京、天津、上海第二、第三产业熵指数对比

年份	第二产业			第三产业		
	北京	天津	上海	北京	天津	上海
2000	0.71	1.11	1.02	1.43	0.99	1.14
2001	0.67	1.12	1.03	1.51	1.03	1.17
2002	0.64	1.12	1.03	1.56	1.04	1.19
2003	0.64	1.14	1.05	1.51	0.98	1.11
2004	0.65	1.18	1.05	1.49	0.92	1.10
2005	0.62	1.16	1.01	1.48	0.90	1.10
2006	0.55	1.16	0.99	1.52	0.89	1.09
2007	0.53	1.18	0.96	1.58	0.91	1.16
2008	0.48	1.18	0.93	1.62	0.91	1.19
2009	0.49	1.16	0.88	1.66	0.98	1.29
2010	0.52	1.13	0.91	1.62	0.99	1.23
2011	0.49	1.15	0.90	1.69	1.00	1.24
2012	0.49	1.17	0.87	1.75	1.05	1.33
2013	0.50	1.14	0.83	1.81	1.09	1.43
2014	0.51	1.15	0.81	1.86	1.14	1.49
2015	0.48	1.14	0.79	1.95	1.27	1.64

资料来源:2000—2015年《北京统计年鉴》《天津统计年鉴》《上海统计年鉴》。

第二节 产业集聚影响人口集聚的理论依据

刘易斯(W. A. Lewis)在二元经济结构理论体系内认为,受耕地面积制约,传统农业部门会出现大量边际生产力趋近于零的"零值劳动人口",这部分劳动力会自发的向城市工业部门寻求工作岗位,而工业部门会利用廉价的"零值劳动人口"作为劳动力,降低劳动力成本,从而将更多的资本进行扩大经营,从而吸引更多劳动力参与到工业部门生产中,形成正向循环的良性经营模式。而费景汉和拉尼斯(H. Fei & G. Ranis)在1964年对刘易斯的假设进行了完善,将农村剩余劳动力分为"零值劳动人口"和"不增加农业总剩余的劳动人口",同时将劳动力向工业部门转移划分为三个阶段,

更为具体地阐述了劳动力人口与产业集聚的互动关系。

托达罗（Todaro）在1970年提出托达罗模型，他认为农村人口向城市集聚是由于城乡预期收入差异而导致的，农业人口在集聚过程中由于受到城市工作机会较多的原因而存在较多的"盲目性"，同时这部分劳动力在进入城市后并没有第一时间进入工业部门生产中，而是首先在传统部门中寻找工作机会，等到自身条件符合工业部门需求时，再进入现代工业部门参与生产，从而寻求预期收入差异。

库兹涅茨（Kuznets）于1955年提出库兹涅茨曲线假说，认为传统农业向现代工业发展过程中会受到经济发展的影响而出现收入分配的拐点，在这个过程中随着产业集聚和人口集聚地进一步发展，当人均收入达到一定高度时，产业集聚和人口集聚会出现下降趋势，从而出现倒"U"形曲线。

克鲁格曼（Krugman）在1991年完善了中心外围理论，他认为贸易自由是集聚力和离心力的重要影响因素，在农业部门和制造业部门中，当农业生产处于完全竞争状态时，劳动力不具备自由流动的条件，而当制造业处于垄断竞争状态时，劳动力可以得到充分流动的空间。同时克鲁格曼在垄断竞争模型的基础上提出，产业的规模报酬、运输成本以及生产要素移动是产业集聚的主要原因。

中国众多学者也通过定性和定量的方法对人口集聚对产业集聚的影响机制进行了深入的研究。王莹莹等（2015）通过对北京市16个县（区）共9年的数据进行面板测量后发现，第二产业集聚有助于增加北京市人口的增长，同时第三产业集聚的发展对北京市人口规模增长存在抑制作用。李天籽等（2018）通过东北地区四个中心城市（沈阳、大连、长春、哈尔滨）共29年的数据测算认为，工业化水平的进一步发展不利于人口向中心城市集聚，在加入虚拟变量后发现，与非中心城市对比，第三产业的发展有利于其他非中心城市人口向大城市集聚。许庆明等（2015）将研究视角集中于日本、韩国与我国长三角地区城市人口密度和产业结构比较，认为空间产业结构会影响城市的人口集聚梯度，同时人口集聚与城市经济发展、产业部门之间存在着内在的关联影响，从日本和韩国的发展轨迹发现，城市人口集聚的变迁是由城市产业部门和自身经济增长所共同影响的，而我国长三角地区的发展应破除阻碍人口自由流动的政策性障碍，从而促进城市人口集聚规模进一步增长。周玉龙等（2015）通过将中国地级市及以上城市七年的相关数据进行面板分析后认为，现阶段我国的人口集聚对第二产业生产率的提升存在弊大于利的影响机制，生产率的提升会受到人口集聚的显著阻碍作用，而同时人口集聚对第三产业的生产率具有促进作用，进而得出人口集聚可以获得集聚经济所带来的益处结论。

通过对以上研究结论总结后可以发现，人口集聚与产业集聚之间存在着复杂而细微的影响机制，尤其在不同城市之间，其影响机制各不相同，但单纯地考虑社会转型阶段中的关键指标第三产业集聚与比重的作用机理可能会偏离集聚本身的资源作用与导向作用，因此将第二产业与分支产业作为产业转化升级的表现是较为符合当下我国超大城市进一步发展的前提假设。

第三节 产业集聚对人口集聚的影响机制分析

人口集聚是受到政治、经济以及社会发展多重影响的综合性结果，目前我国通过转变经济增长的方式逐步推进产业结构升级，产业集聚效应日趋显著，为进一步判断产业集聚对人口集聚的动态影响，本节利用1987—2015年中国超大城市人口集聚、产业集聚现状指标，通过PVAR模型深入探讨集聚现状内部动态关系，为产业集聚对人口集聚影响机制提供现实依据。

一、PVAR模型表达式

PVAR模型最早是由Holtz-Eakin、Neway以及Rosen在1988年提出的，该模型将所有变量均看做内生变量，运用脉冲响应函数考察单一变量对其余变量的冲击影响程度。

PVAR模型的表达式为

$$Y_{it} = C_i + \phi_1 Y_{i,t-1} + \phi_2 Y_{i,t-2} + \phi_p Y_{i,t-p} + \Xi_{it} \quad (5.1)$$

式中 Y_{it} 为包含内生变量的变量，其中 $i=1, 2, \cdots, N$；$t=1, 2, \cdots, T$，C_i 为反映个体异质性的变量，Ξ_{it} 为随机扰动项。

为保证各变量平稳，在建立PVAR模型之前，一般首先通过LLC、IPS、FISHER等方法进行面板单位根检验，其中LLC、IPS、FISHER检验方法由下式给出

$$LLC：\Delta y_{it} = a'_{mi} d_{mt} + \varphi y_{i,t-1} + \sum_{j=1}^{pi} \theta_{ij} \Delta y_{i,t-j} + \varepsilon_{it} \quad (5.2)$$

其中 $i=1, 2, \cdots, N$；$t=1, 2, \cdots, T$，$m=1, 2, 3$，d_{mt} 分别表示无确定向、仅含截距项以及含线性时间趋势项，a_{mi} 表示三种情况的对应参数向量。

$$\text{IPS}: \Delta y_{it} = a_i + \beta_i t + (p_i - 1)y_{i,\,t-1} + \sum_{j=1}^{pi} \theta_{ij} \Delta y_{i,\,t-1} + \varepsilon_{it} \qquad (5.3)$$

其中 p_i 分为 $p_i < 1$ 或 $p_i = 1$ 的情况，若 $p_i < 1$，则 $i = 1, 2, \cdots, N_1$；$p_i = 1$，$i = N_1 + 1, N_1 + 2, \cdots, N$。

$$\text{FISHER}: \text{当 } T_i \to \infty \text{ 时，有 } P = -2\sum_{i=1}^{N} \ln(P_i) \xrightarrow{d} x^2(2N) \qquad (5.4)$$

$$\text{当 } T_i \to \infty \text{ 时，有 } Z = \frac{1}{\sqrt{N}} \sum_{i=1}^{N} \theta^{-1}(p_i) \xrightarrow{d} N(0, 1) \qquad (5.5)$$

$$\text{当 } T_i \to \infty \text{ 时，有 } L^* = \sqrt{\frac{3(5N+4)}{\pi^2 N(5N+2)}} \sum_{i=1}^{N} \ln\left(\frac{p_i}{1-p_i}\right) \xrightarrow{d} t(5N+4) \qquad (5.6)$$

$$\text{当 } T_i \to \infty \text{ 时，有 } P_m = \frac{1}{\sqrt{N}} \sum_{i=1}^{N} [\ln(P_1) + 1] \xrightarrow{d} N(0, 1) \qquad (5.7)$$

其中 Chou 针对 ADF 检验和 PP 检验的 P 值构建了 4 种检验统计量，分别为 Inverse chi-squared 变换法、Inverse normal 变换法、Inverse logit 变换法以及 Modified inverse chi-squared 变换法，分别对应公式（5.4）至公式（5.7）。

在各变量平稳后，为进一步分析各变量间的动态关系，PVAR 模型使用脉冲响应函数和方差分解对模型变量系数的经济关系进行解释。

脉冲响应函数是描述一个变量对其余变量误差冲击反应的动态交互式函数，方差分解是一个变量对另一个变量冲击影响程度的计算方法，用于分解出各变量间随机冲击所做的贡献。

二、模型构建

鉴于人口集聚和产业集聚之间存在密切的联系以及彼此存在因果关系的重要性，本节为保证模型稳定且样本量充足，将重庆、广州纳入中国超大城市样本体系，形成以北京、天津、上海、重庆、广州为例的中国超大城市产业集聚对人口集聚影响机制模型。利用 1987 年至 2015 年人口集聚水平指标 JJD、轻工业区位熵 LQ_l 以及第二产业区位熵 LQ_t，分别构建人口集聚水平指标 JJD 与轻工业区位熵 LQ_l 的 PVAR 模型以及人口集聚水平指标 JJD 与第二产业区位熵 LQ_t 的 PVAR 模型。为便于说明，本节将人口集聚水平 JJD 记做 D1；轻工业区位熵 LQ_l 记做 H1；第二产业区位熵 LQ_t 记做 H2，人口集聚水平指标 JJD 与轻工业区位熵 LQ_l 的 PVAR 模型记做 PVAR1，人口集聚水平指标 JJD 与第二产业区位熵 LQ_t 的 PVAR 模型记做 PVAR2，各变量均采用对数化以消除异方差对数据的影响，同时运用脉冲响应函数以及方差分解方法对中国超大城市集聚影响机制进行分析，从而为人口集聚科学发展提供事实依据。

三、数据说明和描述性分析

本节研究共涉及 5 个城市 29 个年份的共 145 个观察样本，数据主要来源于各省市统计年鉴，表 5.7 为各变量描述性分析，D1 变量中重庆观察值最小，上海最大，说明不同城市人口集聚水平存在较大差异，总观察样本中平均值为 9.32；H1 变量中北京观察值最小，广州最大，总观察样本中平均值为 0.60，反映出轻工业集聚程度尚未达到专业化意义；H2 变量中重庆观察值最小，上海最大，总观察样本中平均值为 1.00，反映出超大城市第二产业集聚程度具有一定专业化意义。

表 5.7 样本描述性统计

主要变量	观察值	平均值	标准差	最小值	最大值
D1	145	9.32	6.57	2.49	26.97
H1	145	0.60	0.30	0.10	1.30
H2	145	1.00	0.24	0.48	1.58

资料来源：1987—2015 年《北京统计年鉴》《天津统计年鉴》《上海统计年鉴》《重庆统计年鉴》《广州统计年鉴》。

四、单位根检验

为防止回归分析中非平稳变量导致的伪回归现象，本节采用 LLC、IPS 以及 FISHER 三种准则对涉及人口集聚和产业集聚的变量进行面板数据单位根检验，以保证面板单位根检验的稳定。表 5.8 为各变量面板单位根检验结果，从表中数据可以看出，多数变量原始数据均在 0.01 显著性水平下显著，部分不平稳序列在进行了一阶差分处理后通过了三种检验准则，因此可以认为 D1、H1、H2 为平稳序列，可以进行面板向量自回归分析。

表 5.8 单位根检验结果

变量	llc	IPS	fisher
D1	−22.544 6 ***	−0.396 7	−1.809 2 **
H1	−0.593 0	−0.828 5	−3.451 5 ***

（续表）

变量	llc	IPS	fisher
H2	-5.542 6***	-1.569 3*	-3.188 7***
D.D1	-7.234 1***	-10.414 3***	-5.297 8***
D.H1	-6.265 1***	-10.037 5***	-5.585 7***
D.H2	-11.714 8***	-9.269 8***	-6.168 7***

注：*、**、***分别表示统计值在10%、5%和1%显著性水平下显著。

五、最优滞后阶数选择

在进行了单位根稳定性检验，确定各变量均为同阶单整后，本节利用AIC、BIC以及HQIC准则来确定两个PVAR模型最优滞后阶数，根据信息量最小原则，最优滞后阶数计算结果如表5.9、表5.10所示。由表中数据可以看出，三种判断准则的结果均显示最优滞后阶数应选择一阶，因此本节PVAR1以及PVAR2模型的最优最后阶数为滞后一阶。

表5.9　PVAR1模型最优滞后阶数选择

lag	AIC	BIC	HQIC
1	-8.024 505*	-41.474 41*	-21.608 66*
2	-5.343 579	-27.643 51	-14.399 69
3	0.251 485 5	-10.898 48	-4.276 568

注：*、**、***分别表示统计值在10%、5%和1%显著性水平下显著。

表5.10　PVAR2模型最优滞后阶数选择

lag	AIC	BIC	HQIC
1	-15.480 49*	-48.930 39*	-29.064 65*
2	-8.185 009	-30.484 94	-17.241 12
3	-2.875 173	-14.025 14	-7.403 226

注：*、**、***分别表示统计值在10%、5%和1%显著性水平下显著。

六、偏度矫正LSDV估计

本节共采用5个超大城市作为代表样本，截取1987—2015年共29个年份的基础数据作为解释变量和被解释变量，由于模型中T（时间样本）明显大于N（截面个数），因此属于标准长面板模型，采用传统GMM或IV估计方法容易产生一定的偏差，根据现有文献研究来看，采用偏差矫正LSDV法进行研究有助于减小均方差以及偏差对于模型带来的影响，LSDVC 法的基本思想为，首先将 LSDV 法估计动态面板模型，将估计系数记做 $\hat{\beta}_{LSDV}$；其次，估计 LSDV 的偏差，记做 $\hat{Bias}$，最后将 LSDV 系数估计值减去偏差，即可得到偏差矫正后的一致估计（陈强，2014）：

$$\hat{\beta}_{LSDVC} = \hat{\beta}_{LSDV} - \hat{Bias} \tag{5.8}$$

本节将被解释变量的一阶滞后作为解释变量，选取 Anderson-Hsiao 估计值（ah）、Arellano-Bond 差分 GMM 估计值（ab）以及 Blundell-Bond 系统 GMM 估计值（bb）作为初始值分别对 D1、H1、H2 进行 PVAR 模型估计，得到以下结果：

表 5.11　中国五个超大城市轻工业集聚的影响 LSDV 模型实证分析结果

	（1）LSDVC1AH	（2）LSDVC1AB	（3）LSDVC1BB
L.D1	0.900***	0.946***	0.964***
	[0.0500]	[0.0377]	[0.0297]
H1	-0.0339**	-0.0272**	-0.0247**
	[0.0142]	[0.0119]	[0.0111]

Standard errors in brackets
* $P<0.1$,　** $P<0.05$,　*** $P<0.01$。

表 5.11 为五个中国超大城市（北京、天津、上海、重庆、广州）轻工业集聚对人口集聚的影响，其中模型 1 为采用 Anderson-Hsiao 估计值（ah）精确度为 $O(T^{-1})$ 的估计结果，模型 2 为采用 Arellano-Bond 差分 GMM 估计值（ab）精确度为 $O(T^{-1})$ 的估计结果，模型 3 为采用 Blundell-Bond 系统 GMM 估计值（bb）精确度为 $O(T^{-1})$ 的估计结果，从表中数据可以看出，三种估计值作为初始值时模型变化幅度较小，L.D1 变量在 1% 显著性水平下显著，H1 在 5% 显著性水平下显著。以模型三为例，人口集聚在一阶滞后时对轻工业产业集聚产生显著正向影响，原因在于大量人口由其他省份向超大城市集聚会带来丰厚的劳动力红利，对于劳动力密集型的轻工业产业而言，劳动力成本的下降更加有助于该产业规模的进一步发展，同时由于我国超大城市产业结构已逐步由轻工业为重工业产品原材料的工业社会逐步转型为高技术含量轻工业的知识社会（周戟，2010），产业体系升级以及超大城市严厉的环保政策会进一步加剧人口集聚对产业集聚的正向影响作用。从轻工业集聚对人口集聚的影响结果来看，轻工业集聚对人口

集聚产生轻微的负向影响,说明中国超大城市轻工业产业的发展不利于外省人口向其进一步集聚,目前以北京、天津为例的中国超大城市第二产业比重持续下降,高度密集的产业规模已无法实现对外来人口的核心"拉力",外省迁移人口知识水平逐年上升导致低端劳动力形成挤出效应,人口迁移行为自发调节机制将挤出效应持续放大,最终影响超大城市的人口集聚。

表5.12 中国五个超大城市第二产业集聚对人口的影响 LSDV 模型实证分析结果

	(1) LSDVC1AH	(2) LSDVC1AB	(3) LSDVC1BB
L.D1	0.937***	0.943***	0.958***
	[0.050 2]	[0.045 1]	[0.036 7]
H2	-0.08*	-0.065 9*	-0.061 6*
	[0.042 6]	[0.037 6]	[0.034 4]

Standard errors in brackets

* $P<0.1$, ** $P<0.05$, *** $P<0.01$。

表5.12为中国超大城市第二产业集聚对人口集聚的影响模型,其中模型1为采用 Anderson-Hsiao 估计值(ah)精确度为0(T^{-1})的估计结果,模型2为采用 Arellano-Bond 差分 GMM 估计值(ab)精确度为0(T^{-1})的估计结果,模型3为采用 Blundell-Bond 系统 GMM 估计值(bb)精确度为0(T^{-1})的估计结果,表中数据显示,L.D1在1%显著性水平下显著,H1在10%显著性水平下显著,以模型三为例可以发现,人口集聚对第二产业集聚产生显著正向影响,而第二产业集聚对人口集聚产生负向影响机制,说明一方面目前我国超大城市尚未彻底进入知识社会,大量人口的集聚有助于减少工业企业的劳动力成本,产业集聚具有根植性和路径依赖特征,这使得超大城市人口集聚对产业集聚的正向影响机制会保持放大趋势。另一方面产业集聚会对人口集聚产生轻微负向影响,这主要由于过去超大城市资本倾向集中于重工业行业,实行资本密集型产业规划布局,而随着第三产业快速发展,资本密集型产业优势逐渐缩小,高耗能产业开始向其他城市扩散,进而使第二产业集聚对人口集聚出现负向效应。

七、面板格兰杰因果关系检验

为进一步揭示产业集聚对人口集聚是否存在因果关系,本节运用面板格兰杰因果检验方法,对 PVAR1、PVAR2 模型进行因果检验,结果如表5.13、表5.14所示。

当 PVAR1 滞后阶数为 1 时，在 5%显著性水平下轻工业产业集聚是人口集聚的格兰杰原因，表示轻工业产业集聚程度的变化能够影响人口集聚的发展，而轻工业产业集聚不拒绝原假设，说明人口集聚不是轻工业产业集聚的格兰杰原因。

表 5.13 PVAR1 格兰杰因果关系分析结果

变量	格兰杰关系	滞后一阶	
		估计值	P 值
D1	H1 不是原因	4.243	0.039**
	所有变量不是原因	4.243	0.039**
H1	D1 不是原因	0.061	0.804
	所有变量不是原因	0.061	0.804

注：*、**、*** 分别表示统计值在 10%、5%和 1%显著性水平下显著。

当 PVAR2 选择滞后阶数为一阶时，第二产业集聚不是人口集聚格兰杰原因的 P 值为 0.013，原假设被拒绝，说明第二产业集聚是人口集聚的格兰杰原因，而人口集聚不是第二产业集聚原因的 P 值为 0.886，表示人口集聚不是第二产业集聚的格兰杰原因。

表 5.14 PVAR2 格兰杰因果关系分析结果

变量	格兰杰关系	滞后一阶	
		估计值	P 值
D1	H2 不是原因	6.172	0.013**
	所有变量不是原因	6.172	0.013**
H2	D1 不是原因	0.021	0.886
	所有变量不是原因	0.021	0.886

注：*、**、*** 分别表示统计值在 10%、5%和 1%显著性水平下显著。

八、脉冲响应分析

为更加全面地反映各个变量之间的动态影响，进一步捕捉一个变量的冲击因素对另一个变量的动态影响路径，本书采用脉冲分析的方式进一步研究 H1、H2 对 D1 的作用机制。在建立 PVAR 模型之前，首先根据滞后长度准则信息，确定模型的最优滞后阶数为 1，初步建立 D1、H1 以及 D1、H2 的两个 PVAR 模型，在验证模型中所有特征根的模都小于 1 后，确定模型通过稳定性检验，可知变量 D1、H1、H2 所构成的 2 个 PVAR 系统稳定，进而对模型进行脉冲响应函数分析。通过蒙特卡洛（Monte Carlo）实验模拟 500

次，即可得到每个冲击变量对各变量的 0~10 期脉冲结果，从脉冲分析结论可以看出，变量的 LSDV 模型系数与分析结果具有一致性，为方便读取，本书采取表格形式进行呈现。

表 5.15 中当 D1 给自身一个标准差冲击后产生了负向的波动，随后持续下降，在第十期达到最低点 0.001 1%。H1 在第 0 期时对 D1 施加一个负向冲击后，引起 D1 快速下降，在第 7 期下降幅度开始放缓，于第 9 期达到最低点 -0.039 4%，随后产生微弱的正向响应，出现上升趋势，几期累计效应为负，说明轻工业集聚在长期对人口集聚具有负向影响作用，但这种负向效应会随着产业结构优化而出现拐点，轻工业集聚在进入高技术含量转型后会对人口集聚产生正向影响，说明未来我国超大城市进入知识社会以后轻工业产业集聚会微弱促进人口集聚发展。D1 对 H1 施加一个正向冲击后，会引起 H1 产生持续上升的微弱正向响应，最终在第 8 期达到峰值 0.014 1% 同时到达拐点，随后 H1 出现微弱的负向响应，在第 10 期达到最低值，总体累计效应为正，表明中短期人口集聚对产业集聚具有正向影响作用，从长期来看会产生负向影响作用。H1 在第 0 期对自身一个标准差冲击后引起自身负向波动趋势，此后会持续下降，在第 10 期达到最低点。

表 5.15 PVAR1 脉冲响应分析结果

	IRF of D1toD1	IRF of D1toH1	IRF of H1toD1	IRF of H1toH1
0	0.054 7	0	0.005 7	0.177 7
1	0.042 5	-0.011 4	0.008 5	0.173 4
2	0.032 7	-0.02	0.010 6	0.168 7
3	0.025	-0.026 5	0.012	0.163 5
4	0.018 8	-0.031 3	0.013 1	0.158 2
5	0.013 9	-0.034 6	0.013 8	0.152 7
6	0.01	-0.036 9	0.014 2	0.147 2
7	0.006 9	-0.038 4	0.014 3	0.141 7
8	0.004 5	-0.039 2	0.014 4	0.136 2
9	0.002 6	-0.039 4	0.014 3	0.130 9
10	0.001 1	-0.039 3	0.014 1	0.125 6

表 5.16 为 PVAR2 模型的脉冲响应分析结果，从表中数据可以看，D1 和 H2 在分别给自身施加一个标准差冲击后，会引起自身持续轻微的负向响应，在第十期分别下降至 -0.004 4% 和 0.028 7%，达到最低点。H2 在第 0 期对 D1 产生一个负向冲击后，引起 D1 持续下降，在第 9 期达到最低点

-0.027 3%,但在第 9 期施加负向冲击后,H2 产生微弱的正向响应,于第 10 期上升至 -0.027 2,总体累积效应为负,说明从中短期角度来看,第二产业集聚会对人口集聚产生负向影响作用,但从长期角度来看与轻工业集聚相似,第二产业集聚会对人口集聚产生的负向效应会减弱,随着高污染、高耗能产业由超大城市向周边城市迁移扩散,未来我国超大城市高端制造业规模发展会持续带动人口集聚规模的增加,进而为超大城市进入知识社会打下人力资本基础。D1 在对 H2 产生负向冲击后,会引起 H2 持续上升,在第 10 期达到最高值 0.016 9%,累计效应为正,说明人口集聚对第二产业集聚会产生正向影响作用,从长期来看,由于迁移人口中高学历人口持续流入北京、天津等超大城市,未来中国超大城市人口集聚规模的增加将促进市内第二产业的发展,最终导致第二产业企业结构升级,形成低污染、低能耗的高端工业集聚。

表 5.16 PVAR2 脉冲响应分析结果

	IRF of D1toD1	IRF of D1toH2	IRF of H2toD1	IRF of H1toH1
0	0.056	0	-0.003 9	0.040 3
1	0.045 4	-0.007	0.001 1	0.040 9
2	0.036	-0.012 7	0.005 2	0.040 8
3	0.027 9	-0.017 2	0.008 5	0.040 3
4	0.020 8	-0.020 7	0.011 2	0.039 3
5	0.014 7	-0.023 4	0.013 2	0.038
6	0.009 4	-0.025 2	0.014 7	0.036 4
7	0.005	-0.026 5	0.015 8	0.034 7
8	0.001 2	-0.027 1	0.016 4	0.032 8
9	-0.001 9	-0.027 3	0.016 8	0.030 8
10	-0.004 4	-0.027 2	0.016 9	0.028 7

九、方差分解分析

为了更加清晰地描绘我国超大城市集聚中各变量的相互影响关系,本节使用北京、天津、上海等超大城市的人口集聚变量对产业集聚变量波动的贡献度进行进一步说明,表 5.17、表 5.18 分别为 PVAR1、PVAR2 的方差分解结果。

从表 5.17 中数据可以看出,D1 自身的贡献度从第 1 期开始随之后阶数延长而不断下降,在前 4 期维持较高的贡献度,随后开始快速下降,到第

10 期下降至 41.8%，而 H1 对 D1 的贡献度则不断提升，最终稳定在 58.2% 的水平，具有较高的贡献程度。而 H1 自身贡献度波动主要受到其自身惯性作用，下降幅度较小，D1 对 H1 的贡献度为 2.8%，解释能力非常有限。

表 5.17 PVAR1 方差分解分析结果

响应变量	期数	脉冲变量 D1	脉冲变量 H1	响应变量	期数	脉冲变量 D1	脉冲变量 H1
D1	1	1	0	H1	1	0.001 845 9	0.998 154 2
	2	0.980 948	0.019 052		2	0.003 990 5	0.996 009 5
	3	0.936 890 8	0.063 109 2		3	0.006 608 7	0.993 391 3
	4	0.871 660 8	0.128 339 2		4	0.009 528 4	0.990 471 5
	5	0.792 367 8	0.207 632 2		5	0.012 624 2	0.987 375 8
	6	0.707 200 5	0.292 799 5		6	0.015 804 5	0.984 195 5
	7	0.623 300 2	0.376 699 8		7	0.019 002 8	0.980 997 1
	8	0.545 607 4	0.454 392 6		8	0.022 171 3	0.977 828 7
	9	0.476 754 7	0.523 245 3		9	0.025 275 4	0.974 724 6
	10	0.417 571 3	0.582 428 8		10	0.028 291	0.971 709

表 5.18 为 PVAR2 模型的方差分解结果，从表中数据可知，D1 的波动在短期主要来源于自身的惯性作用影响，方差分解贡献度在第 10 期下降为 76.3%，而 H2 对 D1 的变量波动贡献率随着时间的推移上升为 23.7%，具有一定的解释能力。从 H2 对自身贡献度来看，H2 主要受到自身惯性作用影响，在第 10 期时仍保持 98.4% 的贡献度，同期 D1 的贡献度仅为 1.6%，几乎可以忽略。

表 5.18 PVAR2 方差分解分析结果

响应变量	期数	脉冲变量 D1	脉冲变量 H2	响应变量	期数	脉冲变量 D1	脉冲变量 H2
D1	1	1	0	H2	1	0.003 029 2	0.996 970 8
	2	0.993 032 6	0.006 967 4		2	0.004 361 1	0.995 639
	3	0.977 741 6	0.022 258 4		3	0.005 812 4	0.994 187 6
	4	0.955 480 2	0.044 519 8		4	0.007 331	0.992 668 9
	5	0.927 891 4	0.072 108 6		5	0.008 876 5	0.991 123 5
	6	0.896 667 8	0.103 332 3		6	0.010 418	0.989 581 9
	7	0.863 365 7	0.136 634 4		7	0.011 932 9	0.988 067 1
	8	0.829 295 2	0.170 704 9		8	0.013 404 6	0.986 595 3
	9	0.795 477 9	0.204 522 1		9	0.014 821 9	0.985 178 2
	10	0.762 655 1	0.237 344 9		10	0.016 177 1	0.983 822 9

因此方差分解结果表明，人口集聚的主要波动容易受到轻工业、第二产业集聚的影响，而轻工业、第二产业集聚的波动主要来源于其自身的惯性作用，受人口集聚水平的影响较小。

第四节　小结

在我国超大城市经济高质量发展的过程中，产业集聚对人口集聚的驱动导向作用已不能忽视。本章通过数据对比的方式对中国超大城市产业集聚现状进行简要说明，同时运用PAVR模型将产业集聚对人口集聚的影响机制进行了实证分析。

第一部分将北京、天津、上海作为样本城市，对中国超大城市的产业结构现状、产业结构高度化以及产业集聚现状进行分析，研究发现，目前我国超大城市第三产业占比呈现稳定上升趋势，且各城市已形成第三产业为主，第二产业为辅，第一产业为基础的产业结构布局，但我国超大城市产业结构高度化程度偏低，主体产业仍以重工业为主，仅有北京呈现产业结构高度化转型趋势。从产业集聚现状来看，目前我国超大城市第三产业集聚度快速上升，其中北京市上升幅度最大，而天津市受到城市战略定位的影响，呈现出第二产业、第三产业同时稳步发展的态势。

第二部分为产业集聚对人口集聚的影响机制分析，采用LSDV模型进行实证分析后表明，中国超大城市产业集聚会对人口集聚产生轻微的负向影响作用，进一步通过建立PVAR模型可以发现，目前我国超大城市产业集聚会对人口集聚存在显著的影响作用，从动态影响路径来看，总短期内我国超大城市产业集聚会对人口集聚产生负向的积累效应，但这种负向效应会随着产业集聚地进一步优化调整而出现拐点，逐渐对人口集聚开始呈现正向影响机制，而在此过程中，人口集聚容易受到产业集聚的贡献影响，但产业集聚则主要受到自身的惯性影响。

综上所述，目前我国超大城市产业结构已开始进入第三产业快速发展的良性产业转型阶段，但现有产业结构现状仍会对人口集聚发现产生负向的影响作用，因此政府应充分发挥主体调控作用，促进产业结构合理转型，加快劳动密集型等传统产业升级，进而减小产业集聚对人口集聚的负向抑制作用，促进城市人口集聚的科学发展。

第六章 中国超大城市人口集聚与创新集聚的影响机制分析

目前中国超大城市已逐步形成以信息、服务等产业为主体的第三产业经济模式，新型产业模式依赖于城市科研技术水平和创新能力，而创新则是通过人与人之间的交流和思想碰撞作为载体，将人口数量转化为稳定的技术市场，进而促进区域内高新产品的研发和创造，正因如此，创新也已成为未来超大城市发展的重要优势来源和核心竞争力。人口对创新的影响途径主要分为规模效应、老龄化效应和集聚效应（梁建章，2018），规模效应是指人口的绝对数量，老龄效应是指人口因老龄化而产生的多项阻碍作用，而集聚效应是指单位面积内人口数量的地理分布，人口集聚会带来同行业内部或跨学科的合作优势，地理距离的缩小会将知识溢出效应持续放大，从而形成高效率的创新集聚规模，这种规模对科研工作者的"拉力"作用将进一步推动城市人口集聚的发展，最终形成良性循环的城市集聚效应。

本章通过中国超大城市高技术企业数量、高技术产业专利申请个数等指标对创新集聚现状进行描述，部分奇异值和缺失样本用均值与中值补齐法进行补齐，同时利用PVAR模型对人口集聚与创新集聚进行实证分析，力求为中国超大城市两种集聚影响机制提供理论支持。

第一节 创新集聚现状分析

一、创新主体发展现状

科技活动人员作为科研劳动力的中坚力量，一直以来都是衡量一个地区创新能力资源的重要指标，2000年至2015年间，以北京、天津、上海为例的中国超大城市科技活动人员快速增长，为城市的创新集聚奠定了坚实的人才基础。2000年北京市科技活动人数为261 113人，到2015年上升至747 461人（表6.1），同比增长286%，成为三大城市中科研劳动力资源储备最为丰富的城市之一，天津市和上海市随着经济的快速发展，科技人员数量大幅上升，分别由 2000 年的 71 049 人和 201 700 人上升至 2015 年的 240 637 人和 448 100 人，年均涨幅均在 10%以上。但总体来看，受城市定位和社会经济发展的影响，目前天津市和上海市的人才储备情况仍较北京有一定差距，2015 年天津市科技人员数量仅为北京市的 32.1%，上海市的科技人员数量为北京市的 59.9%，未来随着人口集聚所带来的集聚效应进一步发展，天津、上海的科研人员数量差距将会被持续扩大，最终成为城市发展竞争力中有待完善的限制性因素。

表 6.1　北京、天津、上海科技活动人员对比　　　　（单位：人）

年份	北京	天津	上海
2000	261 113	71 049	201 700
2001	240 609	70 005	175 700
2002	257 326	71 175	178 900
2003	270 921	78 761	175 900
2004	301 202	6 662	182 500
2005	383 153	92 000	196 700
2006	382 756	99 054	200 700
2007	450 331	112 650	227 900
2008	450 147	140 300	230 800
2009	529 985	159 557	339 000
2010	529 811	166 596	334 600
2011	605 980	173 635	375 300
2012	651 003	194 425	389 100
2013	681 346	216 899	431 600
2014	726 792	227 336	451 000
2015	747 461	240 637	448 100

资料来源：2000—2015 年《北京统计年鉴》《天津统计年鉴》《上海统计年鉴》。

高技术产业是研究和开发高技术密集型产业，其具有工业增长率高、资源消耗少、科研人员比重较大等特点。表 6.2 中显示，2000 年北京、天津、上海分别拥有 582 家、496 家以及 737 家高技术产业企业，随后企业数量快速增长，在 2007—2008 年分别达到最高企业数量，随后高技术企业数开始回落，到 2015 年北京市企业数下降至 805 家，天津市下降至 591 家，上海市下降至 1 020 家，但与 2000 年相比均呈现上升趋势。总体来看，中国超大城市高技术企业数量呈现先增后减的倒"U"形发展模式，可见以技术密集型为代表的高技术产业存在较高淘汰率的特点，一部分企业在市场竞争中因自身经营不善或产品未达到市场需求，出现破产或重组现象，而另一部分企业适应市场及时调整方向，将其他小中型企业合并收购，完善自身研发能力，进而增强企业市场竞争力，形成规模经济，促进当地创新集聚地进一步发展。

表 6.2　北京、天津、上海高技术产业企业数对比　　　　（单位：家）

年份	北京	天津	上海
2000	582	496	737
2001	605	474	810
2002	679	480	833
2003	625	497	915
2004	1 125	607	1 364
2005	1 101	602	1 248
2006	1 107	698	1 229
2007	1 163	708	1 318
2008	1 134	776	1 542
2009	1 150	868	1 536
2010	1 103	817	1 423
2011	737	497	962
2012	760	587	1 030
2013	782	585	1 024
2014	805	583	1 003
2015	805	591	1 020

资料来源：2000—2015 年《北京统计年鉴》《天津统计年鉴》《上海统计年鉴》。

二、创新投入产出现状

创新投入主要是由一个地区高新企业或科研部门的 R&D 支出所组成，而创新产出则主要由专利申请数量所表示。2000 年上海市高技术产业 R&D 经费支出最高，为 117 907 万元，天津市高技术产业 R&D 经费支出最低，为 60 429 万元，随后三大城市 R&D 经费支出虽有小幅度波动，但整体呈现上升趋势，其中天津市作为"新一线"城市的代表，年均增幅最大，十五年间年均增幅 85.2%，而上海市年均增幅最小，年均增幅为 66.9%。从总体来看，中国超大城市企业 R&D 经费支出均较 2000 年有巨大提升，结合上文企业数量变化可知三大城市 R&D 经费比重逐年扩大，丰富的创新资源使超大城市的创新能力已开始遥遥领先于其他城市（表 6.3）。

表 6.3 北京、天津、上海 R&D 经费支出对比　　　（单位：万元）

年份	北京	天津	上海
2000	107 059	60 429	119 707
2001	128 923	72 321	122 712
2002	207 980	207 980	51 696
2003	248 888	75 761	181 907
2004	255 335	82 971	291 844
2005	207 216	90 124	341 939
2006	346 013	132 264	404 956
2007	289 889	153 556	472 085
2008	299 445	227 134	485 621
2009	454 719	189 530	633 021
2010	368 388	220 547	673 565
2011	741 991	321 478	717 383
2012	922 229	392 072	907 644
2013	1 065 430	451 315	1 061 501
2014	1 107 598	509 798	1 274 063
2015	1 202 250	824 042	1 282 252

资料来源：2000—2015 年《北京统计年鉴》《天津统计年鉴》《上海统计年鉴》。

高技术产业专利申请数量是地区创新能力的综合体现，表 6.4 为 2000 年至 2015 年北京、天津、上海的高技术产业专利申请数，2000 年北京市高技术产业共申请专利 7 项，天津市申请 73 项，上海市申请 118 项，三大城市申请数额相差较大，2001 年北京市高技术产业专利申请数量出现大幅上升，年末共申请 369 项，相较上一年度共增加 362 项专利申请，同期天津、上海的申请数额均有所回落，而到 2015 年年底，北京、天津、上海高技术产业专利申请数量分别上升至 7 837 项、3 131 项和 7 229 项，北京市已超过上海市成为中国超大城市中高技术企业专利申请量最高的城市。总体来看，三大城市高技术企业专利申请数量的快速上升，标志着企业经费产出比的逐步优化,同时也反映出超大城市创新成果转换率出现大幅度飞跃。

表 6.4　北京、天津、上海专利申请数量对比　　　（单位:项）

年份	北京	天津	上海
2000	7	73	118
2001	369	63	112
2002	779	54	460
2003	896	461	835
2004	679	295	1 804
2005	777	393	1 445
2006	944	541	1 719
2007	1 418	563	1 931
2008	3 837	1 717	2 063
2009	2 958	2 464	4 130
2010	2 804	1 889	3 453
2011	6 225	2 764	5 031
2012	9 972	3 441	6 174
2013	8 308	3 678	7 088
2014	8 906	3 670	8 170
2015	7 837	3 131	7 229

资料来源:2000—2015 年《北京统计年鉴》《天津统计年鉴》《上海统计年鉴》。

三、创新集聚现状

创新集聚是一个城市科研能力与创造能力的集中体现,目前以北京为例的中国超大城市已经将打造科技创新中心作为城市战略规划的主要目标,其他城市也将地区创新的能力提升放在增强自身综合实力的首要地位。为了反映中国超大城市创新集聚现状,本节通过已有研究文献,选取专利授权密度、高校 R&D 课题密度以及多种创新集聚要素区位熵进行说明分析。

1. 专利授权密度与高校 R&D 课题密度

专利授权密度和高校 R&D 课题密度是直观表示创新集聚的精炼指标,分别可以表示区域内创新转化成果能力和科研机构创新研发能力,计算公式如下:

专利授权密度=专利授权量/土地面积

高校 R&D 课题密度=高等学校 R&D 课题数/土地面积

2000 年北京市专利授权密度为 0.36,天津市专利授权密度为 0.13,分别占上海市同期指标的 56.3%和 21.1%，差距较大（表 6.5）。2015 年北京市专利授权密度上升至 5.73，年均增长 99.5%，同期天津市专利授权密度为 3.13，年均增长 144%，可以看出两大城市创新集聚程度快速提升，与同期上海市指标占比缩小至 59.9%和 32.6%，差距不断收缩。2000 年北京市、天津市高校 R&D 课题密度分别为 0.65 和 0.29，各占上海市同期指标的 33%和 14.4%，到 2015 年北京市、天津市与上海市的高校 R&D 课题密度占比缩小至 68.3%和 22.1%，城市间差距随着经济的快速增长不断被压缩。总体来看，以北京、天津、上海为例的中国超大城市专利授权密度和高校 R&D 课题密度在 15 年间快速增长，其中天津市专利授权密度增幅最大，北京市高校 R&D 课题密度增幅最高，目前北京市、天津市、上海市分别拥有 93 所、57 所、64 所高校，通过与课题密度数据比较可知，上海市创新集聚能力较强，北京市次之，天津市处于有待提升的阶段。

表 6.5　北京、天津、上海专利密度、R&D 密度对比

（单位：项/平方千米）

年份	北京市		天津市		上海市	
	专利密度	R&D 课题密度	专利密度	R&D 课题密度	专利密度	R&D 课题密度
2000	0.36	0.65	0.13	0.29	0.64	1.98
2001	0.38	0.68	0.15	0.35	0.85	2.12
2002	0.39	1.02	0.15	0.43	1.05	2.27
2003	0.50	1.27	0.21	0.54	2.63	2.53
2004	0.55	1.54	0.22	0.62	1.68	3.09
2005	0.62	1.91	0.25	0.69	1.99	3.48
2006	0.68	2.35	0.35	0.78	2.62	4.70
2007	0.91	2.67	0.47	0.86	3.86	4.18
2008	1.08	2.82	0.55	0.99	3.86	4.72
2009	1.40	3.11	0.60	1.06	5.51	4.96
2010	2.04	3.69	0.92	1.20	7.60	5.78
2011	2.49	4.15	1.17	1.32	7.56	6.25
2012	3.08	4.24	1.49	1.40	8.12	6.71
2013	3.82	4.65	2.08	1.58	7.68	7.17
2014	4.55	5.09	2.91	1.70	7.96	7.94
2015	5.73	5.62	3.13	1.82	9.56	8.23

资料来源：2000—2015 年《北京统计年鉴》《天津统计年鉴》《上海统计年鉴》。

2. 区位熵指数

区位熵是衡量单位面积内某一指标专业化程度的复合指数，如果区位熵数值高于1，说明该地区某一指标集聚规模高于全国平均水平，具有外部溢出效应，如果区位熵数值低于1，说明集聚规模低于全国平均水平，不具备具有外部溢出效应，本节通过高技术产业从业人员熵与技术市场成交熵作为创新集聚指标进行分析，由于高技术产业包括第一、二、三产业的重叠产业，因此本节将高技术产业归类为第二产业进行区位熵测算，具体公式如下：

$$LQ_{ij} = \frac{e_{ij}/e_j}{E_i/E} \quad (6.1)$$

式中，LQ_{ij} 是区域 j 内高技术产业从业人员 i 的区位熵指数；e_{ij}/e_j 是高技术产业从业人员 i 在区域 j 中第二产业从业人员数中所占份额；E_i/E 是高技术产业从业人员 i 在全国第二产业从业人员数所占的份额。

$$LQ_{tj} = \frac{e_{tj}/e_j}{E_t/E} \quad (6.2)$$

式中，LQ_{tj} 是区域 j 内技术市场成交额 t 的区位熵指数；e_{tj}/e_j 是技术市场成交额 t 在区域 j 中 GDP 中所占份额；E_t/E 是技术市场成交额 t 在全国 GDP 所占的份额。

2000年北京市、天津市、上海市的高技术产业从业人员区位熵指数分别为3.16、2.61以及2.44，随后各年份区位熵虽有所波动，但整体呈下降趋势，到2015年三大城市区位熵下降至2.15、1.44以及2.08，其中北京市下降幅度最大，共下降1.01，上海市降幅最小，共下降0.53（表6.6）。从总体来看，以北京、天津、上海为例的中国超大城市创新集聚度远高于全国平均水平，具有极强的外部溢出效应，但北方超大城市创新集聚度下降明显，这主要是由于全国范围内各省份的高技术产业发展迅速，将超大城市从业人员分流所导致的，同时南方城市由于地理环境及地区经济增速较快等缘故，科技从业人员集聚度相较北方而言降速较慢。

表6.6 北京、天津、上海高技术从业人员熵指数对比

年份	北京	天津	上海
2000	3.16	2.61	2.44
2001	3.06	2.77	3.02
2002	2.61	2.71	2.92

(续表)

年份	北京	天津	上海
2003	2.46	2.38	3.00
2004	2.21	2.22	3.21
2005	2.42	2.07	3.24
2006	2.53	2.04	2.59
2007	2.59	1.82	3.51
2008	2.59	1.54	2.63
2009	2.64	1.57	2.47
2010	2.47	1.59	2.40
2011	2.33	1.49	2.59
2012	2.43	1.64	2.48
2013	2.45	1.37	2.28
2014	2.33	1.52	2.12
2015	2.15	1.44	2.08

资料来源：2000—2015年《北京统计年鉴》《天津统计年鉴》《上海统计年鉴》。

技术市场成交额代表着专利市场的交易规模，是创新集聚的重要指标之一。2000年北京市技术市场交易熵指数为6.73，分别高于天津和上海4.35和4.36（表6.7），交易产值集聚程度差异较大，2015年北京市交易熵呈现快速上升趋势，与2000年相比年均增长0.23，同期天津市、上海市指标均存在波动下降趋势，说明北京市创新资源的空间集聚比其他两个城市更为明显，这主要是由于北京加速推进中关村科技城、怀柔科技城、未来科学城以及技术开发区的"三城一区"建设所导致的，全国科技创新中心定位也为北京确立了超大城市创新集聚的引领地位。总体来看，以北京、天津、上海为例的中国超大城市技术市场交易熵均高于1，创新集聚程度高于全国平均水平，但天津和上海正在逐渐失去创新资源基础，与北京的差距出现大幅扩大趋势。

表6.7 北京、天津、上海技术市场成交额熵指数对比

年份	北京	天津	上海
2000	6.73	2.38	2.37
2001	7.17	2.26	2.86
2002	6.93	2.33	2.86
2003	6.58	2.06	2.67
2004	8.36	1.74	2.55

(续表)

年份	北京	天津	上海
2005	8.48	1.57	2.99
2006	10.13	1.57	3.49
2007	10.63	1.65	3.40
2008	10.81	1.52	3.24
2009	11.43	1.59	3.27
2010	11.83	1.37	2.62
2011	11.95	1.54	2.53
2012	11.54	1.51	2.12
2013	11.48	1.52	1.90
2014	11.04	1.85	1.85
2015	10.51	2.13	1.81

资料来源：2000—2015 年《北京统计年鉴》《天津统计年鉴》《上海统计年鉴》。

第二节　创新集聚影响人口集聚的理论依据

一个城市的创新发展离不开其自身的人口规模增长，20 世纪 80 年代提出的内生增长理论将人力资本和技术进步作为经济增长的重要因素所进行了长期的研究。罗默（Paul Romer）于 1986 年提出内生经济增长模型，强调创新在经济增长中的关键作用，在模型中人力资本和技术水平被作为生产要素加入进经济增长的作用考量中，他认为人口规模增长会促进科研创新劳动力的增长，进而将产出的创新成果用以推动经济发展。金和罗伯森（King&Robson）在 1993 年提出侧重知识传播的内生增长模型，他认为人力资本和技术进步是知识概念的进一步延伸，从而综合通过企业而促进经济增长。格拉斯（Glaser）认为劳动力通过迁移向同一区域进行集聚，可以增强集聚地区的创新环境，从而放大知识外溢性，促进迁入地的创新发展。西科尼（ciccone）认为集聚效应和人口密度增加所造成的拥挤效应会影响区域内的技术创新。

在研究集聚效应成因时，中国外学者多选取外部性理论作为切入角度进行探讨，通过外部性理论可以分析解释一定区域内某种集聚效应的影响机制，外部性中包含外部经济，通过外部经济的产量与生产成本关系可以区分集聚效应的正负影响作用。本章研究重点在于人口集聚与创新集聚的作用机理，因此主要探讨外部理论的知识溢出效应。创新集聚受空间因素影响较大，一个地区知识溢出效应的作用大小主要取决于当地的知识获取距离，创新集聚度较高的地区知识外溢性获取成本较小，而创新集聚度较低的地区知识外溢性获取成本较大，各城市往往为了获取成本较低的知识外溢效应而选取人才引进或产业结构升级的办法促进当地创新集聚的发展，而人口集聚使得城市获得充足的高技术储备劳动力资源，使得当地能够以更小的成本获取高技术劳动力的知识外溢效应，进而推动创新集聚的发展，同时由于创新集聚所带来的知识扩散传播的便利条件，更多的迁移人口选择向该城市集聚，以获得知识外溢所带来的红利效应，又在一定程度上促进了人口集聚的发展，由此可见创新集聚和人口集聚是彼此影响的互为因果集聚类型，二者之间可能短期内存在单向影响机制，但长期来看存在相互促进的作用机理。

中国也有诸多学者多人口集聚和创新集聚的影响机制进行了深入研究。陈淑云等（2017）通过2005—2014年中国30个省份的数据测算认为，人口集聚和区域内创新呈现"U"形曲线关系，最初人口集聚会导致区域内创新效应的下降，但随着人口集聚的进一步增长，区域技术创新会开始呈现上升趋势，最终对技术创新起到正向推动作用，同时东部地区人才集聚所带来的创新推动效应要低于中部、西部地区。吕拉昌等（2018）以全国270个地级市作为研究样本，通过杜宾方法构建空间回归模型后认为，我国高技能劳动力的迁移会对创新的城市化产生显著正向的影响机制，同时高技能迁移人口流入能够对城市创新产出具有正效应。黄茹等（2014）将中国50个城市作为样本分析，通过主成分分析法得出结论，认为人口教育结构对城市创新能力影响较大，其中大学学历人口与创新能力具有显著的正相关影响机制，高中、初中及小学组人口对创新能力具有负向影响作用，同时城镇人口与城市的创新能力具有显著影响机制。芮雪琴等（2015）通过DEA-ToBit模型将2003年至2013年的全国30个省份数据进行分析后认为，全国整体来看各省份的创新效率较低，其中北京、上海的创新效率较高，天津市创新效率较低，同时人才集聚有助于区域效率的提升，但目前我国的人才集聚规模对创新效率提升具有负向的促进作用。

综上研究所述可以发现，人口集聚会对创新集聚产生显著的正向效应，其中受教育程度较高的人口集聚能够对创新效应产生显著的促进作用，但目前我国超大城市中人口集聚主要以低学历人口为主，因此单纯的考虑具备高技术技能的集聚人口可能会存在偏差和片面性，同时创新集聚中高技术市场成交额等变量虽有助于分析目前城市集聚现状，但相关指标易受到城市政策定位的影响，而不具备综合考量超大城市的影响机制的作用，因此将专利授权密度与高校R&D课题密度作为解释指标,同时将人口集聚度指标作为被解释指标相对有助于解释两种集聚问题的彼此作用假设。

第三节 创新集聚对人口集聚的影响机制分析

从社会进步的角度来讲,人是科技创新的主要驱动者与载体,人口集聚所带来的人才集聚会为当地带来充足的高科技劳动力储备,而将这种劳动力储备转化为科研成果后,人口集聚便会成为推动创新集聚至关重要的因素之一。本节利用1995—2015年的中国超大城市人口集聚、创新集聚现状指标,运用PVAR模型深入探讨集聚内部影响机制,为人口集聚对创新集聚地动态关系提供现实理论依据,由于PVAR模型表达式已在上一章进行过说明,本节不再赘述。

一、模型构建

人口集聚与创新集聚的影响机制是本节最主要的剖析重点,因《中国科技统计年鉴》收录时间有限且不包含市级层面样本数据,本节为将1995—2015年作为时间跨度,同时为保证模型稳定,将重庆市纳入中国超大城市样本体系,形成以北京、天津、上海、重庆为例的综合中国超大城市集聚测算模型。模型采用人口集聚水平指标JJD作为被解释变量,创新集聚水平指标专利授权密度PA、高校R&D课题密度RA作为解释变量,分别构建人口集聚指数JJD与专利授权密度PA的PVAR模型以及人口集聚数据JJD与高校R&D课题密度RA的PVAR模型。为便于说明,本节将人口密度指数JJD记做D1;专利授权密度PA记做Q1;高校R&D课题密度记做Q2,人口集聚指数JJD与专利授权密度PA的PVAR模型记做PVAR1,人口集聚数据JJD与高校R&D课题密度RA的PVAR模型记做PVAR2,为消除异方差,各变量均采用对数化进行处理,同时运用脉冲响应、方差分解的方法对各变量长期影响机制进行分析。

二、数据说明和描述性分析

本节共涉及4个城市21个年份的84个观察样本,各数据主要来源于《中国统计年鉴》及《中国科技统计年鉴》,表6.8为各变量的描述性统计,D1变量中上海市观察值最大,重庆市观察值最小,可以发现相同时间跨度下,我国超大城市人口集聚规模存在较大差异;Q1和Q2的平均值分别为

1.453 和 1.778，受重庆市辖区面积较大缘故，在 Q1 和 Q2 的观察值中重庆都属于最小的样本城市。

表 6.8　样本描述性统计

主要变量	观察值	平均值	标准差	最小值	最大值
D1	84	9.863	7.765	2.491	26.97
Q1	84	1.453	2.259	0.001	9.561
Q2	84	1.778	2.077	0.011	8.228

资料来源：1987—2015 年《北京统计年鉴》《天津统计年鉴》《上海统计年鉴》《重庆统计年鉴》。

三、单位根检验

由于在模型回归中各变量易受到非平稳序列影响导致结果出现伪回归现象，本节分别采用 LLS、IPS 以及 FISHER 三种信息准则对 D1、Q1、Q2 进行面板数据单位根检验，以保证面板单位根稳定性。表 6.9 是各变量面板单位根检验结果，由表中数据可知，多数变量在原始数据时均在 1% 显著性水平下显著，部分不平稳序列在经过一阶差分处理后均在 1% 显著性水平下通过了三种检验准则，因此可以认为 D1、Q1、Q2 为单阶同整序列，可以进行 PVAR 模型分析。

表 6.9　单位根检验结果

变量	llc	IPS	fisher
D1	-22.544 6***	-0.396 7	-1.809 2**
Q1	-2.668 1***	-1.529 4*	-3.209 8***
Q2	0.656 0	-3.284 6***	-3.776 8***
D.D1	-7.234 1***	-10.414 3***	-5.297 8***
D.Q1	-3.882 3***	-3.513 3***	-3.861 4***
D.Q2	-3.384 1***	-3.953 9***	-5.487 8***

注：*、**、*** 分别表示统计值在 10%、5% 和 1% 显著性水平下显著。

四、最优滞后阶数选择

在确定各变量均为平稳序列后，本节利用 AIC、BIC 以及 HQIC 准则对两个 PVAR 模型进行最优滞后阶数选取，最优滞后阶数测算结果如表 6.10、表 6.11 所示。由表中数据可以看出，根据信息量最小原则，PVAR1 模型的三种判断准则中 AIC 和 HQIC 显示最优滞后阶数为二阶，BIC 显示最后滞后阶数为一阶，因此选择滞后二阶为 PVAR1 模型最优滞后阶数；PVAR2 模型中的 BIC 和 HQIC 显示最优滞后阶数为一阶，而 AIC 显示最优滞后阶数为二阶，因此选择最后阶数一阶为 PVAR2 模型最优滞后阶数。

表 6.10　PVAR1 模型最优滞后阶数选择

lag	AIC	BIC	HQIC
1	-2.217 87	-28.124 47*	-12.423 79
2	-6.021 567*	-23.292 63	-12.825 51*
3	-2.653 13	-11.290 85	-6.057 28

注：*、**、*** 分别表示统计值在 10%、5% 和 1% 显著性水平下显著。

表 6.11　PVAR2 模型最优滞后阶数选择

lag	AIC	BIC	HQIC
1	-6.054 14	-31.960 74*	-16.260 06*
2	-8.122 676*	-25.393 74	-14.926 62
3	-2.156 878	-10.792 41	-5.558 85

注：*、**、*** 分别表示统计值在 10%、5% 和 1% 显著性水平下显著。

五、偏度矫正 LSDV 估计

由于本节面板数据含有 21 个年份的 4 个城市的样本数据，模型中的 T（时间样本）明显大于 N（截面个数），因此属于典型长面板模型，采用传统 GMM 或 IV 估计方法容易产生一定的偏差，而根据蒙特卡罗模拟结果显示，LSDV 法明显优于差分 GMM 和系统 GMM，因此本节采用偏度矫正 LSDV 法对各变量间关系进行回归建模，由于 LSDV 模型表达式已在上一章进行过说明，本节不再赘述。

本节将被解释变量的一阶滞后作为解释变量，选取 Anderson-Hsiao 估计值（ah）、Arellano-Bond 差分 GMM 估计值（ab）以及 Blundell-Bond 系统 GMM 估计值（bb）作为初始值分别对 D1、Q1、Q2 进行 PVAR 模型估计，得到以下结果：

表 6.12 为北京、天津、上海、重庆专利授权密度对人口集聚的模型结果，其中模型 1 为采用 Anderson-Hsiao 估计值（ah）精确度为 0（T^{-1}）的估计结果，模型 2 为采用 Arellano-Bond 差分 GMM 估计值（ab）精确度为 0

(T^{-1}) 的估计结果，模型 3 为采用 Blundell–Bond 系统 GMM 估计值（bb）精确度为 0 (T^{-1}) 的估计结果，从表中数据可以看出，模型一、模型二、模型三的估计值变化幅度较低，L. D1 变量的 P 值在 1% 显著性水平下显著，Q1 变量在模型一中在 10% 显著性水平下显著，在模型二、模型三中在 5% 显著性水平下显著。以模型三为例，人口集聚在一阶滞后时会专利授权密度产生显著正向影响，原因在于中国超大城市具有良好的经济基础和区位优势，政府通过提高落户门槛，制定有序人口引入政策，使具备高学历的迁移人口以及高端技术型人才成为本地户籍人口，这部分人口将自身受教育优势转化为专利产品的研发能力，促进该地区创新集聚地进一步发展。同时超大城市人口集聚中多数迁入人口为低技能劳动力，这部分人口通过劳动分工的方式，为高技能劳动力提供综合性生活服务，提高城市活力与市场繁荣度，给予专利产品研发充足的后勤支持，从城市产业结构完善的角度促进区域创新集聚。

表 6.12　北京、天津、上海、重庆专利授权密度对人口集聚影响的 LSDV 模型实证分析结果

	(1) LSDVC1AH	(2) LSDVC1AB	(3) LSDVC1BB
L. D1	0.998 ***	0.993 ***	1.000 ***
	[0.029 5]	[0.023 1]	[0.019 9]
Q1	0.005 23 *	0.005 45 **	0.005 13 **
	[0.003 0]	[0.002 5]	[0.002 4]

Standard errors in brackets

* $P<0.1$，** $P<0.05$，*** $P<0.01$。

表 6.13 为中国超大城市高校 R&D 课题密度对人口集聚的影响模型，其中模型一为采用 Anderson–Hsiao 估计值（ah）精确度为 0 (T^{-1}) 的估计结果，模型二为采用 Arellano–Bond 差分 GMM 估计值（ab）精确度为 0 (T^{-1}) 的估计结果，模型三为采用 Blundell–Bond 系统 GMM 估计值（bb）精确度为 0 (T^{-1}) 的估计结果，由表中数据可知，L. D1 在 1% 显著性水平下显著，H1 在 5% 显著性水平下显著，以模型三为例，人口集聚对高校 R&D 课题密度呈现显著正向影响机制，而高校 R&D 课题密度对人口集聚呈现显著的轻微正向影响，说明一方面中国超大城市人口集聚有助于高学历人口向本地迁移而形成人才集聚效应，这部分人口多选择进入高校或研究

机构寻求就业机会，促进当地课题密度的上升，同时人才效应在超大城市良好的医疗、教育等公共服务下被进一步放大，通过知识的外溢效应将高素质人口的知识对外传播，增强了以高校、研究机构为中心的创新集聚。另一方面，高校 R&D 课题密度会对人口集聚产生轻微的促进作用，这主要是由于外省求学的适龄人口会受到高校研究能力的导向而选择课题密度较高的地区进行接受教育，而随着高端劳动力的进一步集聚，省际创新集聚差距会被进一步扩大，导致课题密度的导向作用会逐步上升，进而形成人口集聚与创新集聚的双向良性促进效应。

表 6.13　中国超大城市高校 R&D 课题密度对人口集聚影响的 LSDV 模型实证分析结果

	LSDVC1AH	LSDVC1AB	LSDVC1BB
L. D1	0.993***	0.989***	0.997***
	[0.027 5]	[0.022 3]	[0.019 7]
Q2	0.009 59**	0.009 73**	0.009 12**
	[0.004 8]	[0.003 9]	[0.003 7]

Standard errors in brackets

* $P<0.1$，** $P<0.05$，*** $P<0.01$。

六、面板格兰杰因果关系检验

为清晰描述创新集聚对人口集聚是否具有因果效应，本节运用格兰杰因果检验方法，将滞后阶数按照最优滞后阶数选取，设定为二阶、一阶，对 PVAR1 模型和 PVAR2 模型进行格兰杰因果检验，结果如表 6.14、表 6.15 所示。

表中数据显示，当 PVAR1 模型滞后阶数为二阶时，在 1% 显著性水平下，专利授权密度拒绝原假设，表示专利密度是人口集聚的格兰杰原因，而当滞后阶数设定为二阶时，人口集聚不拒绝原假设，表示人口集聚不是专利授权密度的格兰杰原因。

表 6.14　PVAR1 格兰杰因果关系分析结果

变量	格兰杰关系	滞后二阶	
		估计值	P 值
D1	Q1 不是原因	10.038	0.007***
	所有变量不是原因	10.038	0.007***

(续表)

变量	格兰杰关系	滞后二阶	
		估计值	P 值
Q1	D1 不是原因	0.025	0.988
	所有变量不是原因	0.025	0.988

注：*、**、*** 分别表示统计值在 10%、5% 和 1% 显著性水平下显著。

表 6.15 是 PAVR2 模型滞后一阶时的格兰杰因果关系，如表所示，当滞后阶数设定为一阶时，高校 R&D 课题密度是人口集聚的原假设被拒绝，P 值在 5% 显著性水平下显著，说明高校 R&D 课题密度是人口集聚的格兰杰原因。而表中结果表明，人口集聚是高校 R&D 课题密度的原假设，说明当滞后阶数为一阶时，人口集聚不是高校 R&D 课题密度的格兰杰原因。

表 6.15 PVAR2 格兰杰因果关系分析结果

变量	格兰杰关系	滞后一阶	
		估计值	P 值
D1	Q2 不是原因	5.764	0.016**
	所有变量不是原因	5.764	0.016**
Q2	D1 不是原因	0.195	0.658
	所有变量不是原因	0.195	0.658

注：*、**、*** 分别表示统计值在 10%、5% 和 1% 显著性水平下显著。

七、脉冲响应分析

为进一步描述各变量间的动态影响机制，本节采用脉冲响应函数刻画扰动项标准差冲击对各变量的影响，在确定所有单位根模都小于 1 后，通过蒙特卡洛（Monte Carlo）实验模拟 500 次，得到冲击变量对其他变量的 10 期脉冲结果，为便于读取，本章采取表格形式呈现。

表 6.16 为 PVAR1 的脉冲响应函数结果。由表可知，D1 在一开始对自身施加一个标准差冲击后产生了正向的响应，达到最高点 0.021 2%，随后在第 2 期出现了微弱的负向响应，于第 3 期开始快速下降，最终在第 10 期达到最低点 0.005 9%。Q1 在本期对 D1 施加一个正向冲击后，引起 D1 快速上升，在第 2 期达到最高点 0.011 5，随后产生轻微负向响应，并引起 D1 持续下降，在第 10 期达到最低点，几期的累积效应为正，说明专利授权密度短期内会给人口集聚带来显著的正向影响作用，但这种正向效应会随着人口集聚的进一步发展而逐渐缩小。D1 在本期给 Q1 一个冲击后，系数负向

波动 0.005 6%，随后持续下降，于第 10 期达到最低点，总体累计效应为正，说明当前人口集聚有利于专利授权密度的增长。短期来看，超大城市人口集聚会带来高学历人口向市内集聚，从而带来充足的科技劳动力储备，进而推动产业密度的上升，但从长期来看，由于超大城市人口集聚的进一步增加，城市承载力会逐渐趋向饱和，出现房价上升、交通拥堵、入学困难等社会问题，而部分高学历人口会将集聚方向转变为中国"新一线城市"定居，从而造成超大城市专利授权密度的下降，进而缩小人口集聚对创新集聚的正向作用。Q1 在本期对自身施加一个微弱负向冲击后，导致自身出现持续的负向响应，在第 10 期下降至最低点。

表 6.16 PVAR1 脉冲响应分析结果

	IRF of D1toD1	IRF of D1toQ1	IRF of Q1toD1	IRF of Q1toQ1
0	0.016 1	0	0.076 8	0.170 2
1	0.021 2	0.009 5	0.071 2	0.165 5
2	0.020 1	0.011 5	0.060 9	0.150 5
3	0.017 6	0.011 3	0.051 4	0.135 7
4	0.015 1	0.010 6	0.043 3	0.122 2
5	0.013	0.009 9	0.036 3	0.109 9
6	0.011 1	0.009 1	0.030 4	0.098 7
7	0.009 5	0.008 4	0.025 4	0.088 6
8	0.008 1	0.007 7	0.021 2	0.079 5
9	0.006 9	0.007	0.017 6	0.071 3
10	0.005 9	0.006 4	0.014 6	0.064

表 6.17 为 PVAR2 模型的脉冲响应分析结果，由表所示，D1 和 Q2 在第 0 期给自身施加一个标准差冲击后，引起自身的持续负向响应，在第 10 期分别下降至 0.005 3% 和 0.042 6，达到最低点。Q2 在本期对 D1 产生一个正向冲击后，引起 D1 持续上升，在第 9 期达到最高点 0.003 7%，随后在第 10 期维持原有水平，通过长期脉冲响应函数测算得知，D1 在达到拐点，出现下降趋势，整体脉冲函数模型呈现倒"U"形曲线，但总体累积效应为正，说明高校 R&D 课题密度对人口集聚具有正向作用，且中短期内正向影响作用会被持续放大，高校 R&D 课题密度会带来科研劳动力和求学的适龄人口向超大城市不断集聚，进而增加城市的创新集聚效应，但从长期来看，课题密度的正向作用存在拐点，在到达最大值时会出现正向作用缩小趋势，这是由于超大城市科技资源在人口集聚过程中逐渐达到饱和状态，各高校人

均科技资源呈现下降趋势，同时"新一线"城市创新集聚能力不断增强，人均科技资源不断上升，将科研劳动力从超大城市持续分流所导致的。D1 在本期对 Q2 产生一个负向冲击后，引起 Q2 持续下降，到第 10 期达到最低点 0.002 7%，几期的累计效应为正，说明人口集聚对高校 R&D 课题密度具有正向影响作用，人口集聚为超大城市高校带来充足的科技劳动力资源，外省科研劳动力与本地科研劳动力的技术交流会促进高校 R&D 课题的上升，但这种正向效应会随着人口集聚的进一步发展而减小，人才引进的优势会逐渐被其他因素所取代。

表 6.17 PVAR2 脉冲响应分析结果

	IRF of D1toD1	IRF of D1toQ2	IRF of Q2toD1	IRF of Q2toQ2
0	0.019 4	0	0.022 9	0.093 5
1	0.017 1	0.001	0.019 3	0.086 8
2	0.015	0.001 7	0.016 2	0.080 5
3	0.013 2	0.002 3	0.013 4	0.074 6
4	0.011 7	0.002 8	0.011 1	0.069 1
5	0.010 2	0.003 1	0.009 1	0.063 9
6	0.009	0.003 4	0.007 4	0.059
7	0.007 9	0.003 5	0.005 9	0.054 4
8	0.006 9	0.003 6	0.004 7	0.050 2
9	0.006 1	0.003 7	0.003 6	0.046 2
10	0.005 3	0.003 7	0.002 7	0.042 6

八、方差分解

为进一步解释人口集聚与创新集聚的动态影响关系，本节对已有 PVAR 模型进行方差分解，分析单个结构冲击对各变量的波动贡献度，表 6.18 和表 6.19 是 PVAR1 模型和 PVAR2 模型的方差分解结果。

从表 6.18 数据结果可以看出，一方面 D1 在第 1 期时自身贡献度开始快速下降，到第 2 期时下降了 12.4%，随后随滞后阶数的延长不断下降，在第 10 期维持在 65.4% 的水平，而同期 Q1 的贡献率为 34.6%，可见 Q1 对 D1 的贡献程度较高。另一方面 Q1 在第 1 期时拥有 84.2% 的自身贡献度，而在第 10 期时仍然保持 82.9% 的贡献度，下降幅度较小。由此可以说明，在 D1

的变动过程 Q1 起到了一定程度的作用，而 Q1 的变动过程主要受到自身惯性的影响，D1 贡献度较小。

表 6.18 PVAR1 方差分解分析结果

响应变量	脉冲变量			响应变量	脉冲变量		
	期数	D1	Q1		期数	D1	Q1
D1	1	1	0	Q1	1	0.157 135 5	0.842 864 5
	2	0.875 228	0.124 771 9		2	0.159 169 7	0.840 830 3
	3	0.821 175	0.178 825		3	0.161 067 6	0.838 932 4
	4	0.785 710 2	0.214 289 8		4	0.162 818	0.837 182
	5	0.757 437	0.242 563 1		5	0.164 426 1	0.835 573 9
	6	0.732 856 6	0.267 143 4		6	0.165 902	0.834 098
	7	0.710 647 9	0.289 352 1		7	0.167 256 4	0.832 743 6
	8	0.690 223 7	0.309 776 3		8	0.168 499 7	0.831 500 4
	9	0.671 282 3	0.328 717 6		9	0.169 641 7	0.830 358 3
	10	0.653 644 2	0.346 355 9		10	0.170 691 5	0.829 308 5

表 6.19 是 PVAR2 模型的方差分解结果，从表中第 10 期 D1 和 Q2 的来看，两个变量的自身贡献度分别为 88.5% 和 94.0%，其中 D1 对 Q2 的贡献度仅为 2.6%，可以忽略不计，说明短期内模型中的两个变量主要由自身解释，另外一个变量的贡献度较小。

表 6.19 PVAR2 方差分解分析结果

响应变量	脉冲变量			响应变量	脉冲变量		
	期数	D1	Q2		期数	D1	Q2
D1	1	1	0	Q2	1	0.019 530 9	0.980 469 1
	2	0.997 413 4	0.002 586 6		2	0.020 380 2	0.979 619 8
	3	0.991 552 2	0.008 447 7		3	0.021 198 3	0.978 801 7
	4	0.982 644 9	0.017 355 2		4	0.021 984 7	0.978 015 2
	5	0.970 993 3	0.029 006 8		5	0.022 739 3	0.977 260 8
	6	0.956 952 1	0.043 047 9		6	0.023 462	0.976 537 9
	7	0.940 905 9	0.059 094		7	0.024 153 5	0.975 846 5
	8	0.923 248 1	0.076 751 9		8	0.024 814 1	0.975 185 9
	9	0.904 362 4	0.095 637 6		9	0.025 444 6	0.974 555 4
	10	0.884 609 4	0.115 390 6		10	0.026 045 9	0.973 954 1

第四节 小结

人口集聚是创新集聚的主要载体，也是创新集聚得以实现的重要因素，本章通过对比北京、天津、上海的创新集聚现状，同时建立PVAR模型进行实证分析，讨论中国超大城市创新集聚对人口集聚的影响效应。

第一部分通过中国超大城市创新集聚指标对比后发现，目前以北京、天津、上海为例的中国超大城市创新发展要素及创新成果均出现快速发展趋势，且各城市间的区域差异开始逐渐缩小。而创新集聚度对比显示，我国超大城市的创新集聚水平呈现逐年增长的态势，且集聚程度仍远高于全国平均水平，但受到其他新兴城市高新产业发展的引流作用，部分超大城市创新集聚程度出现下降趋势。

第二部分为创新集聚对人口集聚的影响机制分析，通过LSDV模型分析结果可以发现，创新集聚对人口集聚具有显著的正向影响作用，进一步通过PVAR模型结论分析表明，我国超大城市的创新集聚会对人口集聚存在显著的影响作用，从动态影响机制角度来看，创新集聚对人口集聚的正向影响作用存在收益拐点，在创新集聚发展到一定程度后，创新集聚对人口集聚的正向作用会持续缩小，随后转为轻微的负向作用，在此过程中，人口集聚容易受到创新集聚的贡献度影响，而创新集聚则主要受到自身惯性影响。

总体来看，中国超大城市的创新集聚会促进人口集聚的发展，因此政府可以从加强科研经费投入力度、促进科研成果转换等方向入手，促进本地科研产业形成集聚化趋势，充分发挥创新集聚对人口集聚的促进导向作用。

第七章 中国超大城市人口集聚、产业集聚、创新集聚的影响机制分析

在第五章和第六章的实证分析中,就中国超大城市产业集聚、创新集聚对人口集聚的影响机制进行了研究,并通过格兰杰因果检验和脉冲响应函数等方式分析了各变量之间的相互影响机制,即产业集聚对人口集聚具有轻微负向影响作用,创新集聚对人口集聚具有轻微正向影响作用。本章在前文的基础上,进一步将三种集聚效应整合研究,通过中介效应模型与门限效应模型分析产业集聚作为中介变量和门限变量下,创新集聚对人口集聚的影响机制。首先,在以产业集聚作为中介变量的基础上,研究创新集聚对人口集聚影响路径中的中介作用效果,并通过 Bootstrap 方法确定中介变量影响系数。其次,提出我国超大城市创新集聚驱动人口集聚的"门限假说",将产业集聚作为门限变量,分析影响机制内的门限值及其影响系数。最后,提出产业集聚以及创新集聚对人口集聚的"门限假说",并对这些假说进行实证分析,研究各集聚效应间的门限作用机制。

第一节 理论分析

一、创新集聚影响产业集聚的理论依据

熊彼特于 1912 年提出创新理论,他认为创新是经济发展中的本质规定,同时也是生产过程中从体质内部发生的,同时产业集聚和创新之间存在着相互作用的影响关系,创新会促进产业集聚的发展,而产业集聚有助于创新的产生。由于中国超大城市拥有优越的经济社会资源,从创新集聚现象来看,创新更倾向于发生在某些部门及其邻近部门,各部门受创新集聚的影响,会将生产要素重新组合,进而促进产业集聚的发展。对政府机构而言,创新要素的集聚会带来政策制度的创新,从而发展优势产业,加快配套基础设施建

设，推进政务改革，通过产业培育发展实现产业集聚的规模化成长。高等院校和科研机构通过创新集聚作用可以为当地产业大批培养优质人力资源，同时凭借现有学术平台将优秀人才知识储备转化为工业创新力，实现知识成果的商品化和市场化，强化本地产业优势，进而促进产业集聚的发展。金融机构在创新集聚和产业集聚间发挥着渠道纽带作用，金融机构通过创新集聚效应，凭借机制创新、市场创新以及业务创新等方法，完善企业融资服务，消除金融品种单一，融资门槛过高等障碍性因素，为企业提供完善的多样化金融服务，从而推动本地产业集聚效应的增强。服务机构在产业集聚过程中发挥支撑性作用，通过围绕物质生产部门的设计、管理等软技术创新环境，凭借创新集聚带来的服务理念变革，将服务延伸、服务创新以及模式调整进行转换，增加服务产品的软技术附加值，改善企业生态环境，促进产业集聚发展。创新集聚可以为商业机构带来商业要素及要素间关系的变化，通过引进和开发新的商业模式，为企业创造价值的基本逻辑进行革新，使企业得到全新的产品和服务供给，为企业带来更大的战略性竞争优势，明确价值网络定位，促进产业集聚效应发展（图7.1）。

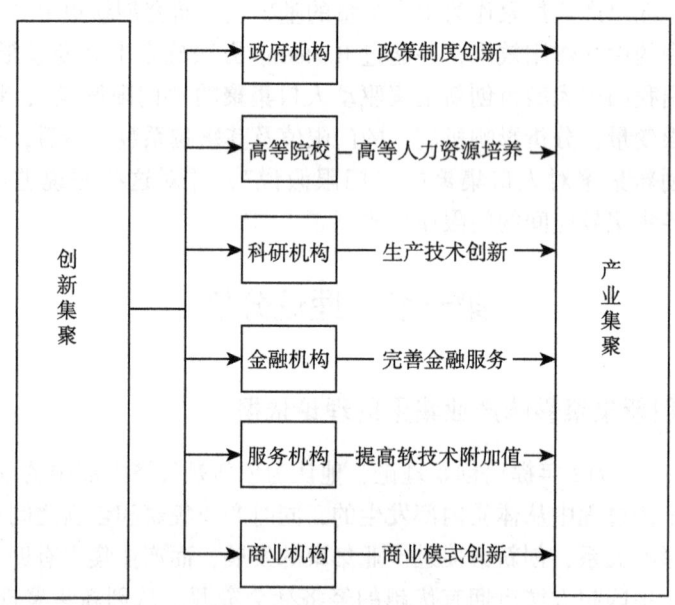

图 7.1 创新集聚影响产业集聚

二、人口集聚、产业集聚、创新集聚的影响理论依据

罗斯托于 1960 年提出"经济成长阶段论",他认为人类社会发展主要分为六个阶段,目前我国已进入走向成熟阶段,即国家产业出现多样化趋势,企业投资重点已开始由劳动密集型产业转向为资本密集型产业,经济增长极已出现向创新技术极转移的趋势,而我国超大城市凭借自身优越的政策优势和经济和良好的产业基础,已率先步入大众消费阶段,生产者开始利用高科技成果促进自身发展,从生产问题转到消费和福利问题,从而带动整个区域的协调发展。目前我国超大城市人口集聚现象是由多方面原因造成的,从集聚角度来看,创新集聚会推动地区多部门改善制度模式,加快生产技术创新,从而促进产业集聚的发展,而劳动密集型产业在产业结构升级作用力的推动下,开始逐步转型为技术密集型产业,由此带来的专业化分工加深和企业合作程度加强,使得产业内部形成完善的人才市场,一方面吸引劳动力向该集聚区流动,同时另一方面吸引企业家到集聚区创办工厂,从而形成由产业集聚带动人口集聚的良性循环模式(詹晖等,2015)。此外,产业集聚可以促进当地劳动力的专业化程度提升,使得产业内部形成专业化较强的熟练劳动力资源,这部分人群不仅为产业内部带来稳定的经济收益,同时也可以促进外省劳动力向本地集聚区迁移,形成人口集聚的机械增长。尽管目前我国超大城市产业集聚效应由于处在产业结构调整阶段,对人口集聚仍处于负向影响作用,但从长期角度看,随着我国超大城市产业结构高度化逐渐提升,未来对人口集聚的推动作用仍有较大的提升空间。从总体来看,目前我国超大城市创新集聚、产业集聚和人口集聚已形成彼此影响的完善流程体系,即创新集聚通过模式技术创新影响产业集聚,产业集聚通过人才成本下降和人力资本质量提升影响人口集聚,同时人口集聚也通过知识溢出效应和学习激励效应影响创新集聚,三种集聚效应共同作用推进我国超大城市协调发展。

三、人口集聚、产业集聚、创新集聚的实证研究基础

目前我国众多学者对人口集聚与产业集聚、创新集聚的影响机制得出的实证结论,有助于分析三种集聚效应的联系。杨蔚宁(2019)在新常态视角下将我国人口迁移、技术创新与产业升级系统进行了耦合关系研究,发现三者之间具有显著的时空差异,2005—2015 年耦合水平呈现出由低向高的演进趋势,但子系统间耦合程度较低,同时中西部地区属于衰退类型,地区

间存在显著区域差异。同时耦合系统内人口迁移与技术创新子系统属于较低层次,而产业升级子系统属于较高层次,同样存在地区差异。李婧等(2018)利用2007—2014年中国30个省份的面板数据,建立空间滞后模型和空间误差模型,对R&D人员的流动影响因素进行了分析,发现我国R&D人员受到知识溢出效应的影响,呈现出较大的地区差异性和空间相关性,同时这部分人群的流动受到多种因素的综合影响,但工资、就业等因素影响水平较低,而创新水平、医疗服务等因素对R&D人员流动具有显著正向吸引作用。陶长琪等(2016)对技术创新与产业结构优化升级的外溢效应进行研究,发现省际层面物质资本和劳动力的集聚作用下,技术创新对产业结构升级边际作用呈现收敛趋势,而人力资本和创新要素集聚作用下,作用效应呈现发散趋势。董卫敏(2019)将中国31个省份作为研究对象,通过线性关系检验及门限模型,对人口集聚与技术创新关系进行了实证研究,发现技术创新主要是通过人口集聚过程中的集聚效应和拥挤效应产生的,当集聚初期时拥挤效应等于集聚效应,技术创新到达最高值,而后期拥挤效应大于集聚效应时,技术创新能力出现下降趋势,并在最终达到最低点,同时人口集聚对技术创新的提高就有显著的促进作用,高技能劳动力不仅对区域创新产生知识溢出性,同时也对区域内形成学习激励作用(图7.2)。

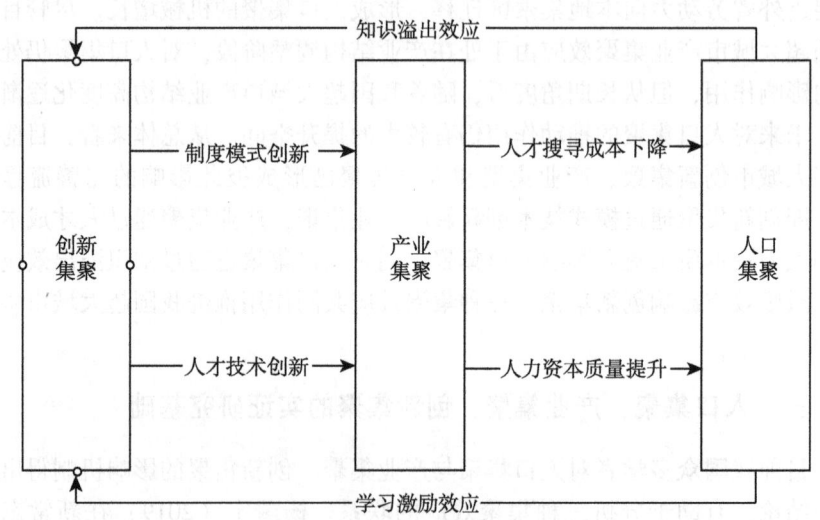

图 7.2 三种集聚效应间的联系

综上所述,根据学者现有研究成果及前文实证结果来看,人口集聚过程会受到多种因素的影响,当其中某种因素产生集聚效应时,产业、创新会间接推动人口集聚效应的增长,同时由于集聚效应会产生推力作用,因此三种集聚效应间不仅仅存在单纯的线性关系,而存在"拐点"假说,因此可以认为,中国超大城市人口集聚与产业集聚和创新集聚具有紧密的联系,并且在作用过程中产业集聚会发挥链接传导作用,进而影响人口集聚效应的增长。

第二节 人口集聚、产业集聚与创新集聚的理论模型

本节采用中介效应模型和门限效应模型对人口集聚、产业集聚以及创新集聚三者之间关系进行实证说明,在进行模型回归之前,首先应分别进行固定效应模型和随机效应模型,判断模型性质,再通过 Hausman 检验对固定效应与随机效应模型进行选择,最后按照模型检验结果,建立面板中介效应模型和门限效应模型。

一、固定效应模型

对于个体固定效应模型,将个体效应模型(7.1)通过给定个体 i 的方法,将方程两边对时间取平均可以得到方程(7.2):

$$y_{it} = x'_{it}\beta + z'_i\delta + u_i + \varepsilon_{it} \quad (i=1,\cdots,n;\ t=1,\cdots,T) \quad (7.1)$$

$$\overline{y_i} = \overline{x'_i}\beta + z'_i\delta + u_i + \overline{\varepsilon_i} \quad (7.2)$$

将方程(7.1)减去平均后的方程(7.2)可以得到模型的离差形式:

$$y_{it} - \overline{y_i} = (x_{it} - \overline{x_i})'\beta + (\varepsilon_{it} - \overline{\varepsilon_i}) \quad (7.3)$$

定义 $\overline{y_{it}} \equiv y_{it} - \overline{y_i}$,$\overline{x_{it}} \equiv x_{it} - \overline{x_i}$,$\varepsilon_{it} - \overline{\varepsilon_i}$,则:

$$\overline{y_{it}} = \overline{x'_{it}}\beta + \overline{\varepsilon_{it}} \quad (7.4)$$

由于上述公式中已经将 u_i 消除,所以只要 $\overline{\varepsilon_{it}}$ 和 $\overline{x_{it}}$ 不相关,则可以使用 OLS 一致地估计 β,另外为了保证 $(x_{it} - \overline{x_i})$ 与 $(\varepsilon_{it} - \overline{\varepsilon_i})$ 不相关,则需要第 i 个观测值满足严格外生性要求,即 $E(\varepsilon_{it}|x_{i1},\cdots,x_{iT}) = 0$,因为 $\overline{x_i}$ 中已经包含了所有 $(x_{i1},\cdots,x_{iT})$ 的信息,可以认为,扰动项必须与各期的被解释变量均呈现不相关关系。

二、随机效应模型

对于个体效应模型(7.1),随机效应模型 u_i 与解释变量 $\{x_{it}, z_i\}$ 均为

不相关，然而由于扰动项并不是球形扰动项，因此 OLS 不是最有效率的解决方法。假设个体间扰动项不相关，由于 u_i 的存在，个体内不同时期的扰动项间存在着自相关。

$$Cov(u_i + \varepsilon_{it}, u_i + \varepsilon_{is}) = \begin{cases} \sigma_u^2, & t \neq s \\ \sigma_u^2 + \sigma_\varepsilon^2, & t = s \end{cases} \tag{7.5}$$

式中，σ_u^2 是 u_i 的方差（不随 i 变化），而 σ_ε^2 是 u_i（不随 i, t 变化）。当 $t \neq s$ 时，自相关系数为：

$$\rho = Corr(u_i + \varepsilon_{it}, u_i + \varepsilon_{is}) = \frac{\sigma_u^2}{\sigma_u^2 + \sigma_\varepsilon^2} \tag{7.6}$$

公式中自相关系数 ρ 不随时间距离（$t-s$）而改变，若 ρ 越大，则复合扰动项（$u_i + \varepsilon_{it}$）中个体效应的部分（u_{it}）则越重要，个体扰动项协方差矩阵为：

$$\Sigma = \begin{pmatrix} \sigma_u^2 + \sigma_\varepsilon^2 & \sigma_u^2 & \cdots & \sigma_u^2 \\ \sigma_u^2 & \sigma_u^2 + \sigma_\varepsilon^2 & \cdots & \sigma_u^2 \\ \vdots & \vdots & & \vdots \\ \sigma_u^2 & \sigma_u^2 & \cdots & \sigma_u^2 + \sigma_\varepsilon^2 \end{pmatrix}_{T \times T} \tag{7.7}$$

由上述表达式可知，同个体的扰动项具有相同的方差，但存在组内自相关关系，因此整个样本扰动项的协方差阵为对角矩阵：

$$\Omega = \begin{pmatrix} \Sigma & \cdots & 0 \\ \vdots & & \vdots \\ 0 & \cdots & \Sigma \end{pmatrix}_{nT \times nT} \tag{7.8}$$

在式中，由于 OLS 是一致的，且扰动项为（$u_i + \varepsilon_{it}$），所以可以用 OLS 残差来做（$\sigma_u^2 + \sigma_\varepsilon^2$）的估计，另一方面 FE 也是一致的，且扰动项为（$\varepsilon_{it} - \overline{\varepsilon_i}$），所以可以用 FE 残差来做 σ_ε^2 的估计，因此获得系数估计值，使用最小二乘法来进行估计，得到随机效应统计量。

三、Hausman 检验

在分别建立随机效应模型和固定效应模型后，如何选择合适的模型成为了关键性的问题，因此需要检验原假设 "H_0: u_i 和 x_{it}, z_i 不相关"，无论原假设是否成立，FE 都是一致的，而如果原假设成立，则 RE 比 FE 更有效，如果原假设不成立，则 RE 不一致。因此，如果 H_0 成立，则 FE 和 RE 估计量将共同真实域真是的参数值,故 $(\hat{\beta}_{FE} - \hat{\beta}_{RE}) \xrightarrow{P} 0$,相反,如果差距过大,则表示拒绝原假设,Hausman 和 Taylor(1978)的统计量表达式为:

$$(\hat{\beta}_{FE} - \hat{\beta}_{RE})' [Var(\hat{\beta}_{FE}) - Var(\hat{\beta}_{RE})]^{-1} (\hat{\beta}_{FE} - \hat{\beta}_{RE}) \xrightarrow{d} X^2(K) \quad (7.9)$$

式中,K 为 $\hat{\beta}_{FE}$ 的维度,如果统计量大于临界值,则拒绝 H_0。

四、中介效应模型

中介效应模型主要是研究解释变量 X 对被解释变量 Y 的影响时,是否会先通过中介变量 M 产生作用,进而再去影响被解释变量 Y,如果存在这样的传导关系,则说明二者关系中存在中介效应。分析过程如下:

$$Y = cX + e_1 \quad (7.10)$$
$$M = aX + e_2 \quad (7.11)$$
$$Y = c'X + bM + e_3 \quad (7.12)$$

式中 a、b、c、c' 分别为相应回归系数,c 表示解释变量 X 对被解释变量 Y 的总效应,ab 为中介变量 M 的中介效应,中介效应系数为 $ab=c-c'$。

中介变量检验步骤如图 7.3 所示。首先检验回归系数 c,其次检验回归系数 a、b,最后检验回归系数 c',若各系数都通过显著性检验,则表示中介效应显著,若 c' 不显著,则完全中介效应显著。

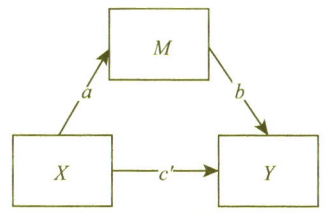

图 7.3 中介变量检验步骤

温忠麟等(2004)综合了依次回归系数法、乘积分析法和差额效应分析法三种检验方法,提出了一套完整的中介效应检验程序,具体检验程序如下(图 7.4)。

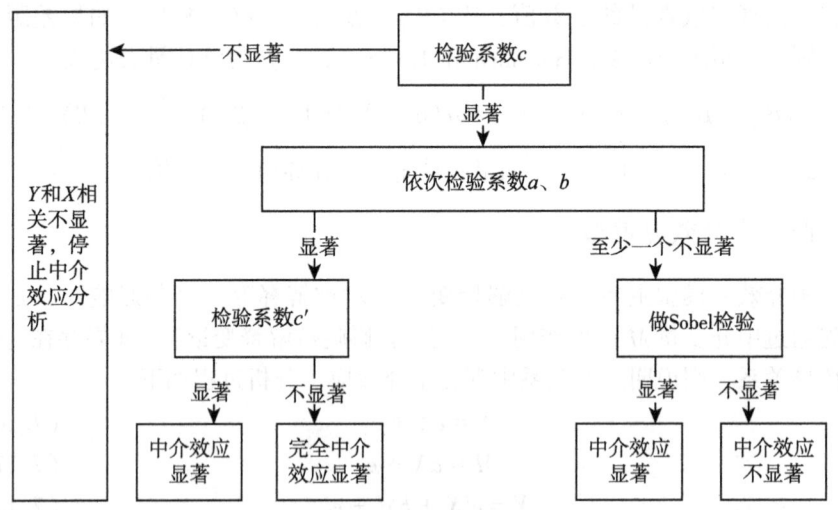

图 7.4 检验程序示意

第一步，检验总效应回归系数 c。若 c 显著，则进入第二步检测，若 c 不显著，则表示 X 和 Y 之间没有显著性关系，应停止中介效应分析。

第二步，检验部分中介效应回归系数 a、b。若 a、b 都显著，则表示 X 和 Y 的影响机制中至少存在一分部是通过中介变量 M 进行传导实现的，若 a、b 中至少有一个不显著，则需要进行第四步 Sobel 检验，确定是否存在中介效应。

第三步，检验完全中介效应回归系数 c'。若 c' 显著，则表示 X 对 Y 的影响机制内 M 只承担了部分中介效应，还有其余的中介变量有待分析，若 c' 不显著，则表示 X 对 Y 的影响机制内完全有 M 引起，属于完全中介效应。

第四步，Sobel 检验。若 Sobel 检验量 $z = ab/S_{ab}$ 显著，则表示中介效应显著，若 Sobel 检验量 $z = ab/S_{ab}$ 不显著，则表示变量间不存在中介效应，检验结束。

五、门限效应模型

对于面板数据，Hansen（1999）提出了固定效应下的面板门限效应模型，具体回归模型为：

$$\begin{cases} \gamma_{it} = \mu_i + \beta'_1 X_{it} + \varepsilon_{it}, & q_{it} \leq \gamma \\ \gamma_{it} = \mu_i + \beta'_2 X_{it} + \varepsilon_{it}, & q_{it} > \gamma \end{cases} \quad (7.13)$$

式中，q_{it} 为门限变量，γ 为待估计的门限值，ε_{it} 为独立分布的扰动项，μ_i 为个体截距项，具体模型可以简化为：

$$y_{it} = \mu_i + \beta'_1 X_{it} 1(q_{it} \leq \gamma) + \beta'_2 X_{it} 1(q_{it} > \gamma) + \varepsilon_{it} \quad (7.14)$$

其中示性函数 $1(\cdot)$，$1(q_{it} \leq \gamma) = \begin{cases} 1 & if \quad q_{it} \leq \gamma \\ 0 & if \quad q_{it} > \gamma \end{cases}$；

$$1(q_{it} > \gamma) = \begin{cases} 0 & if \quad q_{it} \leq \gamma \\ 1 & if \quad q_{it} > \gamma \end{cases}$$

对于短面板数据，则方程可以简化为：

$$y_{it} = \mu_i + \beta' x_{it}(\gamma) + \varepsilon_i \quad (7.15)$$

对于第 i 位个体，将方程两边对时间求平均可得：

$$\overline{y_i} = \mu_i + \beta' \overline{x_i}(\gamma) + \overline{\varepsilon_i} \quad (7.16)$$

将方程（7-15）减去方程（7-16）则可得到模型的离差形式：

$$y_{it} - \overline{y_i} = \beta' [X_{it}(\gamma) - \overline{X}(\gamma)] + (\varepsilon_{it} - \overline{\varepsilon_i}) \quad (7.17)$$

对于是否存在门限效应，可以检验下列原假设：

$$H_0: \beta_1 = \beta_2 \quad (7.18)$$

如果原假被接受，则表示不存在门限效应，此时模型简化为：

$$y_{it} = \mu_i + \beta'_1 X_{it} + \varepsilon_{it} \quad (7.19)$$

Hansen 提出使用以下似然比检验（LR）统计量：

$$LR \equiv [SSR^* - SSR(\hat{\gamma})] / \hat{\sigma} \quad (7.20)$$

如果原假设被拒绝，则表示存在门限效应，可以对门限值进行检验，即检验 $H_0: \gamma = \gamma_0$，此时似然比检验（LR）统计量为：

$$LR(\gamma) \equiv [SSR(\gamma) - SSR(\hat{\gamma})] / \hat{\sigma} \quad (7.21)$$

由此，可以利用似然比统计量 $LR(\gamma)$ 计算出 γ 的置信区间。

同样可以建立两个门限的面板门限回归模型：

$$y_{it} = \mu_i + \beta'_1 X_{it} 1(q_{it} \leq \gamma_1) + \beta'_2 X_{it} 1(\gamma_1 < q_{it} \leq \gamma_2) \\ + \beta'_3 X_{it} 1(q_{it} > \gamma_2) + \varepsilon_{it} \quad (7.22)$$

其中门限值 $\gamma_1 < \gamma_2$，示性函数 $1(\cdot)$，

$$1(q_{it} \leq \gamma_1) = \begin{cases} 1 & if \quad q_{it} \leq \gamma_1 \\ 0 & if \quad q_{it} > \gamma_1 \end{cases}; 1(\gamma_1 < q_{it} \leq \gamma_2)$$

$$= \begin{cases} 1 & if \quad \gamma_1 < q_{it} \leq \gamma_2 \\ 0 & if \quad q_{it} \leq \gamma_1 \text{ or } q_{it} > \gamma_2 \end{cases} ; 1(q_{it} > \gamma_2) = \begin{cases} 0 & if \quad q_{it} \leq \gamma_2 \\ 1 & if \quad q_{it} > \gamma_2 \end{cases}$$

(7.23)

三个门限的面板门限回归模型为:

$\gamma_{it} = \mu_i + \beta'_1 \chi_{it} 1(q_{it} \leq \gamma_1) + \beta'_2 \chi_{it} 1(\gamma_1 < q_{it} \leq \gamma_2) + \beta'_3 \chi_{it} 1(\gamma_2 < q_{it} \leq \gamma_3) + \beta'_4 \chi_{it} 1(q_{it} > \gamma_3) + \varepsilon_{it}$ 其中门限值 $\gamma_1 < \gamma_2 < \gamma_3$,示性函数 $1(\cdot)$,

$$1(q_{it} \leq \gamma_1) = \begin{cases} 1 & if \quad q_{it} \leq \gamma_1 \\ 0 & if \quad q_{it} > \gamma_1 \end{cases};$$

$$1(\gamma_1 < q_{it} \leq \gamma_2) = \begin{cases} 1 & if \quad \gamma_1 < q_{it} \leq \gamma_2 \\ 0 & if \quad q_{it} \leq \gamma_1 \text{ or } q_{it} > \gamma_2 \end{cases}$$

$$1(\gamma_2 < q_{it} \leq \gamma_3) = \begin{cases} 1 & if \quad \gamma_2 < q_{it} \leq \gamma_3 \\ 0 & if \quad q_{it} \leq \gamma_2 \text{ or } q_{it} > \gamma_3 \end{cases};$$

$$1(q_{it} > \gamma_3) = \begin{cases} 0 & if \quad q_{it} \leq \gamma_3 \\ 1 & if \quad q_{it} > \gamma_3 \end{cases}$$

(7.24)

第三节 人口集聚、产业集聚与创新集聚的中介效应实证分析

通过上一节人口集聚的影响机制分析后可知,产业集聚和创新集聚会通过产业结构升级和知识外溢性等作用影响人口集聚的发展,因此本节运用中介效应对人口集聚、产业集聚和创新集聚进行实证分析,通过三步中介效应检验方法,将产业集聚作为中介变量,人口集聚作为被解释变量,创新集聚作为解释变量,分别建立三个检验模型,首先通过显著性检验检测创新集聚对人口集聚的影响机制,如果通过显著性检测,则代表创新集聚对人口集聚具有影响作用。其次检验产业集聚对创新集聚的影响机制,如果通过显著性检验,则代表产业集聚对创新集聚具有影响作用。最后建立以人口集聚作为被解释变量,创新集聚作为解释变量,同时引入产业集聚作为中介变量的中介效应模型,如果通过检验,则认为产业集聚在创新集聚影响人口集聚过程中起到中介作用,并通过影响系数确定各变量之间的影响关系。根据第五章、第六章的研究结果分析可知,中国超大城市人口集聚现象会受到产业集聚和创新集聚的双重影响,即产业集聚会对人口

集聚产生负向影响作用，而创新集聚可以促进人口集聚的进一步发展。同时通过对现有研究成果的归纳分析后可以看出，目前我国多数省份的产业集聚过程中，创新集聚可以发挥至关重要的影响作用，同时产业集聚也可以在人口集聚和创新集聚过程中发挥连接作用，成为中介变量连接两种集聚效果，因此本节将中国超大城市人口集聚、产业集聚以及创新集聚通过面板数据中介效应模型进行实证分析，以便更加清楚地了解三种集聚作用的内部影响机制。

一、变量指标选取

根据已有研究成果和相关理论，通过查阅现有统计年鉴资料，本节为保证样本量充足，因此将北京、天津、上海、重庆、广州作为中国超大城市代表设定为研究对象，采用1995—2015年的相关数据作为模型样本进行实证分析，为消除异方差对数据的影响，本研究对各变量均采用对数化处理（表7.1）。

被解释变量。本节依然选取人口集聚度（lnjjd）作为被解释变量（表7.1）。人口集聚度是反映一个城市相对于全国人口的集聚程度指标，可以用某一地区以占全国1%的国土面积上集聚的人口的比重（%）来表示，是目前学界运用度最广的人口集聚指标。具体计算公式如下：

$$JJD_i = \frac{(P_i/P_n) \times 100\%}{(A_i/A_n) \times 100\%} = \frac{P_i/A_i}{P_n/A_n} \quad (7.25)$$

公式中 P_i 为中国超大城市常住人口数量，A_i 为城市 i 的行政辖区面积，P_n 为全国人口总量，A_n 为国土面积，本文通过中国超大城市（北京、天津、上海、重庆、广州）的人口集聚度来反映地区人口集聚程度。

表7.1 变量指标汇总

变量符号	变量名称	变量定义
lnjjd	人口集聚度	计算方法参见上文计算公式
lnseci	第二产业区位熵	计算方法参见上文计算公式
lnpetd	专利授权密度	专利授权量/城市面积
lngdpp	人均GDP	城市GDP/年末人数
lnoped	对外开放程度	外商直接投资额
lngovf	政府财政制度	城市GDP/地方财政支出

(续表)

变量符号	变量名称	变量定义
ln$inds$	产业结构高度化	第三产业增加值/第二产业增加值
lnlab	劳动力存量	年末从业人员数

资料来源：1995—2015年《北京统计年鉴》《天津统计年鉴》《上海统计年鉴》《重庆统计年鉴》《广州统计年鉴》《中国统计年鉴》《中国科技统计年鉴》。

解释变量。由于本文分别建立中介效应模型和门限效应模型，因此本节选取专利授权密度（ln$petd$）作为创新集聚指标，第二产业区位熵（ln$seci$）作为产业集聚指标代入模型作为解释变量，具体变量指标选取如下：

第一，专利授权密度（ln$petd$）。该指标将专利授权量作为地区创新能力体现，衡量一个城市的创新集聚情况，由一个城市专利授权密度与土地面积之比获得。

第二，第二产业区位熵（ln$seci$）。该指标通过区位熵计算方法，衡量一个城市第二产业的专业化程度，可以衡量中国超大城市的第二产业产值占该地区总产值的比重与全国第二产业占总产值比重的比例。具体计算公式如下：

$$LQ_{ij} = \frac{e_{ij}/e_j}{E_i/E} \tag{7.26}$$

式中，LQ_{ij} 是区域 j 内产业 i 的区位熵指数；e_{ij}/e_j 是产业 i 在区域 j 中总产值或 GDP 中所占份额；E_i/E 是产业 i 在全国中所占的份额。

控制变量。本研究选取人均 GDP、对外开放程度、政府财政制度、产业结构高度化以及劳动力存量作为模型控制变量，具体计算方法如下：

第一，人均 GDP（ln$gdpp$）。该指标是衡量经济发展状况最重要的宏观经济指标之一，可以反映一个地区的人均生产活动最终成果，由该地区中国生产总值与范围内常住人口之比获得。

第二，对外开放程度（ln$oped$）。由于我国超大城市对外开放程度已接近于国外发达国家水平，因此通过对外开放程度可以反映出当地市场的开放性，由外商直接投资额获得。

第三，政府财政制度（ln$govf$）。该指标可以衡量制度因素对超大城市集聚效果的贡献度，利用当地财政支出占当年度 GDP 之比获得。

第四，产业结构高度化（ln$inds$）。该指标是衡量一个地区产业结构由低水平向高水平发展的结构化指数，可以反映当地产业结构优化升级的状况，由第三产业增加值与第二产业增加值之比获得。

第五，劳动力存量（lnlab）。该指标是衡量一个地区劳动力储备的重要指标之一，由年末从业人员数获得。

二、模型构建

根据本章第二节中介效应检验程序，本节将人口集聚、产业集聚和创新集聚加入中介效应模型，同时引入相应的控制变量，参考温忠麟和叶宝娟的方法，形成三步中介效应模型检验过程，第一步，对模型1（c）进行回归，检验创新集聚对人口集聚的效应是否显著；第二步，对模型2（a）进行回归，检验中介变量对解释变量的影响机制，即产业集聚对创新集聚的效应是否显著；第三步，对模型3（$b\&c'$）进行回归，检验以人口集聚作为被解释变量，创新集聚作为解释变量，同时引入产业集聚作为中介变量时的作用机制，具体模型如下：

$$\ln jjd_{it} = \alpha_0 + c\ln petd_{it} + \alpha_1 \ln gdpp_{it} + \alpha_2 \ln oped_{it} + \alpha_3 \ln govf_{it} + \alpha_4 \ln inds_{it} + \alpha_5 \ln lab_{it} + \xi 1_{it} \quad (7.27)$$

$$\ln seci_{it} = \beta_0 + a\ln petd_{it} + \beta_1 \ln gdpp_{it} + \beta_2 \ln oped_{it} + \beta_3 \ln govf_{it} + \beta_4 \ln inds_{it} + \beta_5 \ln lab_{it} + \xi 2_{it} \quad (7.28)$$

$$\ln jjd_{it} = \gamma_0 + b seci_{it} + c'\ln petd_{it} + \gamma_1 \ln gdpp_{it} + \gamma_2 \ln oped_{it} + \gamma_3 \ln govf_{it} + \gamma_4 \ln inds_{it} + \gamma_5 \ln lab_{it} + \xi 3_{it} \quad (7.29)$$

其中lnjjd代表人口集聚度，ln$petd$代表创新集聚度，ln$seci$代表产业集聚度，ln$gdpp$代表人均GDP，lnped代表对外开放程度，ln$govf$代表政府财政制度，ln$inds$代表产业结构高度化，lnlab代表劳动力存量；i为城市，t为时间，$\xi 1_{it}$、$\xi 2_{it}$、$\xi 3_{it}$分别代表残差。

三、数据来源与变量描述性分析

本章选用1995—2015年的北京、天津、上海、重庆、广州数据作为样本，数据均来源于《中国统计年鉴》《中国科技统计年鉴》《北京统计年鉴》《天津统计年鉴》《上海统计年鉴》《重庆统计年鉴》《广州统计年鉴》及中国知网数据库，对统计资料中缺失数据，采用均值法或中间值法进行补齐，为消除异方差，各变量均采用对数化进行处理，本节数据为平衡面板数据，各变描述性统计如表7.2所示。

表 7.2　样本描述性统计

主要变量	观察值	平均值	标准差	最小值	最大值
lnjjd	105	2.051	0.705	0.913	3.295
ln$seci$	105	−0.110	0.244	−0.729	0.195
ln$petd$	105	−0.819	1.852	−6.675	2.258
ln$gdpp$	105	10.444	0.863	8.277	11.838
ln$oped$	105	12.691	1.053	9.993	14.564
ln$govf$	105	−1.956	0.351	−2.831	−1.064
ln$inds$	105	0.248	0.447	−0.414	1.395
lnlab	105	6.747	0.421	6.011	7.450

资料来源：1995—2015 年《北京统计年鉴》《天津统计年鉴》《上海统计年鉴》《重庆统计年鉴》《广州统计年鉴》《中国统计年鉴》《中国科技统计年鉴》。

四、变量相关性分析

表 7.3 为各变量相关性分析统计结果，通过对人口集聚、产业集聚与创新集聚的相关分析后可以发现，被解释变量人口集聚与产业集聚以及劳动力存量呈负相关关系，相关系数为−0.102、−0.308，劳动力存量的充足与否会影响到户籍人口以及迁移人口的就业难度，因而不利于人口集聚的发展。同时人口集聚与创新集聚、人均 GDP、对外开放程度、政府财政制度以及产业结构高度化呈正相关关系，相关系数分别为 0.771、0.598、0.676、0.096、0.284。以第二产业集聚为代表的产业集聚与多数指标均呈现负相关关系，其中与产业结构高度化负相关系数最大，为−0.959。从表中数据来看，以专利密度为代表的创新集聚与多数指标存在着明显的正相关关系，但与劳动力存量呈现负相关关系，劳动力存量较大的地区受行业分工影响，低学历人口多占主要部分，而从事劳动密集型产业人口的增长会不利于地区专利密度的进一步提升，因此两个变量之间存在负向影响机制。人均 GDP 和对外开放程度与多数指标呈正相关关系，但与劳动力存量为负相关，指标系数分别为−0.098 和−0.17。政府财政制度和产业结构高度化与剩余指标均为正相关关系，其中政府财政制度和劳动力存量的相关系数较大，为 0.459。

表 7.3　变量相关性分析结果

	lnjjd	lnseci	lnpetd	lngdpp	lnoped	lngovf	lninds	lnlab
lnjjd	1.000							
lnseci	−0.102	1.000						
lnpetd	0.771	−0.330	1.000					
lngdpp	0.598	−0.328	0.937	1.000				
lnoped	0.676	−0.129	0.888	0.883	1.000			
lngovf	0.096	−0.333	0.522	0.534	0.544	1.000		
lninds	0.284	−0.959	0.548	0.523	0.334	0.409	1.000	
lnlab	−0.308	−0.135	−0.163	−0.098	−0.170	0.459	0.031	1.000

五、单位根检验

为避免因非平稳序列所导致的伪回归现象，本节采用与第五章、第六章相同的 LLS、IPS 以及 FISHER 信息准则对各变量进行面板单位根检验，表 7.4 为各变量的单位根检验结果。从表中数据可以看出，在 LLS 以及 IPS 检验方法下，多数变量原始数据均未在 10% 显著性水平下显著，因此本节通过一阶差分的方法将不平稳序列进行处理，各变量进行差分处理后均在 1% 显著性水平下显著，可认为各变量为单阶同整序列，可以进行中介效应回归分析。

表 7.4　单位根检验结果

变量	llc	IPS	fisher
lnjjd	4.259 3	2.140 8	3.005 1
lnseci	−0.946 3	1.504 1*	−2.064 2**
lnpetd	−2.697 9***	−1.646 0**	−3.530 4***
lngdpp	−3.329 9***	1.196 2	−4.062 3***
lnoped	0.333 5	−0.909 5	−2.498 0***
lngovf	1.027 3	−2.185 0**	−2.622 6***
lninds	3.097 7	−1.248 4	−2.343 4**
lnlab	0.750 2	−0.438	1.476 6

(续表)

变量	llc	IPS	fisher
D. lnjjd	−2.353 2 ***	−3.964 5 ***	−6.645 8 ***
D. ln$seci$	−3.031 8 ***	−7.658 0 ***	−4.571 2 ***
D. ln$petd$	−5.489 0 ***	−6.787 2 ***	−5.133 1 ***
D. ln$gdpp$	−3.399 0 ***	−2.785 6 ***	−4.002 5 ***
D. ln$oped$	−7.295 7 ***	−3.519 6 ***	−4.899 7 ***
D. ln$govf$	−3.851 1 ***	−5.857 3 ***	−3.891 7 ***
D. ln$inds$	−5.881 4 ***	−8.393 8 ***	4.635 6 ***
D. lnlab	−5.476 5 ***	−4.891 8 ***	−3.407 6 ***

注：*、**、***分别表示统计值在10%、5%和1%显著性水平下显著。

六、人口集聚、产业集聚与创新集聚的中介效应分析

为进一步分析各集聚指标间的中介效应关系及其影响途径，本节主要建立三个模型，分别对应三步中介效应模型检验过程，考察将产业集聚作为中介变量时，对创新集聚对人口集聚的影响机制，为考察各模型应采用随机效应模型或固定效应模型，本节对各模型进行了Hausman检验，表7.5为检验结果。

表 7.5 Hausman 检验结果

	模型1 (c)	模型2 (a)	模型3 (b&c')
Chi2	93.65	11.87	92.98
P	<0.001	0.018 4	<0.001

由表中Hausman检验结果可知，模型1和模型3的P值均在1%显著性水平下显著，模型2的P值在5%显著性水平下显著，表示各模型均拒绝采用随机效应模型的原假设，因此，各模型采用建立固定效应模型进行下一步分析。

将人口集聚作为被解释变量，创新集聚作为解释变量，产业集聚作为中介变量，分别按照上文中提到的中介效应三步检验步骤可以得到表7.6中模型检验结果，从表中数据来看，各模型拟合程度优度较好，R^2及Adj.R^2值均在80%以上，说明模型影响因素中的变量选取较为合理，同时模型整体

拟合效果 F 统计量均在 1% 显著性水平下显著，表示模型设计符合预期要求，解释变量及控制变量均在一定程度上可以影响被解释变量。

模型 1（c）是检验创新集聚对人口集聚的回归模型结果，从表中数据来看，创新也是生产过显著为正，且通过 1% 标准检验，既表示在其他条件不变的情况下，创新集聚对人口集聚具有显著的正向影响作用，影响系数 C 为 0.662，因此可以认为，通过创新集聚所带来的知识溢出效应可以增加人口创新更倾向于发展，模型 2（a）是检验创新集聚对产业集聚的回归模型结果，从结果来看，创新进而促进产显著为正，且通过 1% 显著性标准检验，影响系数 a 为 0.04，表示在其他条件不变的情况下，创新集聚的发展能够促进产业集聚的进步。模型 3（$b\&c'$）是检验产业集聚和创新集聚同时加入到一个模型中对人口集聚的回归模型结果，通过模型可知，两种集聚的变量系数 b 和 c' 均在 1% 显著性水平下显著，且各系数分别为 -1.609 和 0.729 6，可以认为在其他条件不变的情况下，产业集聚会对人口集聚具有阻碍作用，而创新集聚可以促进人口集聚的发展，同时模型中人均 GDP、对外开放程度以及劳动力存量的系数均显著为正，意味着人口集聚每增长 1%，人均 GDP、对外开放程度和劳动力存量将分别增加 0.729 5%、0.904 6% 和 0.252 6%。

表 7.6　中介效应检验结果

变量	模型 1（c）		模型 2（a）		模型 3（$b\&c'$）	
	估计系数	标准差	估计系数	标准差	估计系数	标准差
ln$seci$					-1.609 128 ***	0.728 7
ln$petd$	0.662 031 2 ***	0.048 1	0.041 969 2 ***	0.006 5	0.729 565 ***	0.056 2
ln$gdpp$	-0.890 731 4 ***	0.096 4	-0.008 6	0.013 1	0.904 614 5 ***	0.094 8
ln$oped$	0.287 790 7 ***	0.069 6	-0.008 8	0.009 5	0.273 705 ***	0.068 6
ln$govf$	-1.084 707 ***	0.127 5	0.017 2	0.017 3	-1.056 964 ***	0.125 7
ln$inds$	-0.043 5	0.082 1	-0.608 242 9 ***	0.011 2	-1.022 218 ***	0.450 5
lnlab	0.317 026 9 ***	0.088 3	-0.040 024 4 ***	0.012 0	0.252 622 5 ***	0.091 4
C	3.993 877 ***	1.437 9	0.579 836 5 ***	0.195 5	4.926 908 ***	1.472 2
F 值	101.32 ***		747.77 ***		90.98 ***	
R^2	0.861 2		0.978 6		0.867 8	
Adj. R^2	0.852 7		0.977 3		0.858 3	

注：*、**、*** 分别表示统计值在 10%、5% 和 1% 显著性水平下显著。

七、人口集聚、产业集聚与创新集聚的 Bootstrap 中介效应检验

Bootstrap 中介效应检验方法是近年来学者接受度较高的方法之一,因此本章采用 Bootstrap 方法对中介效应模型进行 1 000 次抽样检验估计,表 7.7 为 Bootstrap 法检验估计结果。

表中数据显示,创新集聚对人口集聚的间接效应(中介效应)标准效应值为 -0.067 5,Bootstrap95% 置信区间为[LLCI = -0.130 0,ULCI = -0.004],置信区间内不包含 0,因此 Bootstrap 法判断产业集聚对人口集聚的间接效应(中介效应)显著。创新集聚对人口集聚的直接效应值为 0.729 6,Bootstrap 检验结果在 95% 置信区间下为[LLCI = 0.622 4,ULCI = 0.836 7],置信区间内不包含 0,直接效应显著,由此可以判定产业集聚不是创新集聚影响人口集聚的唯一中介变量。将间接效应和直接效应相加可以得到创新集聚对人口集聚的总效应值,由表中数据可知,总效应的标准效应值为 0.662 0,在 Bootstrap95% 置信区间为[LLCI = 0.562 1,ULCI = 0.761 9],置信区间内不包含 0,总效应显著。将间接效应(中介效应)与总效应进一步测算可知,间接效应(中介效应)对总效应的解释程度为 10.2%,检验结果说明,人口集聚每增长 1%,创新集聚可以增长 0.662%,其中产业集聚作为中介变量而进行传导,会对人口集聚增长造成-0.067%的阻碍作用。

综上所述,产业集聚在创新集聚影响人口集聚过程中起到中介作用,即创新集聚先会影响产业集聚的发展,之后产业集聚会对人口集聚产生影响。虽然产业集聚作为中介变量对人口集聚的影响为负向影响,但从总体来看中介效应对总效应的解释程度较低,创新集聚对人口集聚的影响机制仍然为正,且产业集聚仅能作为创新集聚对人口集聚影响程度的一部分,并不是影响过程中的唯一中介变量。

表 7.7 Bootstrap 中介效应检验结果

	系数	bootstrap 标准误差	P 值	bootstrap95%置信区间		显著性
				下限	上限	
间接效应	-0.067 533 8	0.031 915 7	0.034	-0.130 087 5	-0.004 980 1	显著
直接效应	0.729 565	0.054 667 4	<0.001	0.622 418 9	0.836 711 1	显著
总效应	0.662 031 2	0.050 967	<0.001	0.562 137 8	0.761 924 6	显著

三者中介效应动态影响机制如图 7.5 所示。

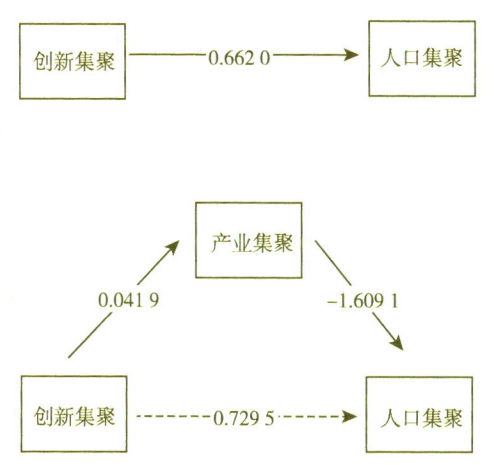

图 7.5　人口集聚、产业集聚与创新集聚中介效应影响机制

第四节　人口集聚、产业集聚与创新集聚的门限效应实证分析

通过上一节的中介效应模型结果可知，产业集聚在创新集聚在影响人口集聚的过程中发挥着中介效应作用，由于我国超大城市与其他城市中之间产业布局、人力资本存量、城市发展定位等因素不尽相同，因此各城市间三种集聚作用机制内部应存在差异较大的阈值作用，本节从这一角度出发，提出我国超大城市人口集聚、产业集聚、创新集聚的"门限假说"，通过建立以人口集聚作为被解释变量，创新集聚作为解释变量，产业集聚作为门限变量的面板数据门限模型，进一步探讨三种集聚效应的内部影响机制。同时分别单独提出以产业集聚、创新集聚作为门限变量的"门限假说"，根据实证结果分析产业集聚和创新集聚对人口集聚的门限估计值，为我国超大城市集聚效应合理匹配模式提供现实理论支持。

本节分两个部分对产业集聚和创新集聚对人口集聚的门限效应进行实证分析。第一部分运用门限效应模型，将人口集聚作为被解释变量，创新集聚作为解释变量，产业集聚作为门限变量建立面板数据门限模型，首先通过门限检验方法确定门限数量，其次依据序列估计法确定门限估计值，最后根据门限估计值测算被解释变量影响系数,最终确定各变量间影响关系。第二部分实证分析产业集聚、创新集聚对人口集聚的门限效应,分别建立以产业集聚作为核心解释变量和中介变量的门限效应模型,以创新集聚作为核心解释变量和中介变量的门限效应模型,通过门限数量检测、门限估计值测算以及被解释变量影响系数回归,确定各变量间影响关系,由于前节选取与中介效应相同的变量指标进行实证分析,同时上一节已将变量指标选取、描述性分析、单位根检验进行过描述,故本节不再赘述。

一、Hausman 检验

本节通过面板数据门限模型操作流程,首先在数据平稳的基础上,建立面板门限回归模型,其次通过门限效应检验,确定合理门限数量,在拒绝原假设的基础上运用门限值检验的方法,确定各变量的门限估计值。通过将人口集聚作为被解释变量,创新集聚作为解释变量,产业集聚作为门限变量建立面板数据门限模型 T1,同时建立以人口集聚作为被解释变量,创新集聚和产业集聚分别担任解释变量和门限变量的面板数据门限模型 T2、T3,为分析各集聚指标间的门限效应关系及其影响途径,本节共建立 T1、T2、T3 三个门限效应模型,分别考察不同门限变量作用时,产业集聚以及创新集聚对人口集聚的影响机制,为考察各模型应采用随机效应模型或固定效应模型,本节对各模型进行了 Hausman 检验,表 7.8 为检验结果。

表 7.8 Hausman 检验结果

	模型 T1	模型 T2	模型 T3
Chi2	92.98	96.23	93.65
P	<0.001	<0.001	<0.001

由表中 Hausman 检验结果可知,模型 T1、模型 T2、模型 T3 的 P 值均在 1% 显著性水平下显著,表示各模型均拒绝采用随机效应模型的原假设,因此,各模型采用建立固定效应模型进行下一步分析。

二、模型设定与变量选取

Hansen(1999)认为,在确定数据平稳的前提下,门限效应检验是面板门限模型的核心所在,根据 Hansen 提出的方法,面板门限模型的效应检验过程应遵循从繁到简的检验过程,即首先进行三重门限检验,若显著性检验全部通过，则认为模型存在三个门限值，应将面板门限模型设定为三重门限回归模型；若模型没有完全通过显著性检验，则重新建立双重门限检验，若模型结果均在显著性水平下显著，则将面板门限模型设定为双重门限回归模型；若双重门限检验没有通过检验，则再次进行一重门限检验，若模型统计检验量 P 值通过显著性水平检测，则将面板门限模型设定为一重门限回归模型；若单门限检验不拒绝原假设，则认为模型不具备门限效应，应建立普通面板模型进行分析。本节按照 Hansen 门限效应模型检验步骤，建立以人口集聚作为被解释变量，产业集聚作为门限变量，创新集聚作为被解释变量的门限效应模型 T1，具体回归模型如下：

$$\ln jjd_{it} = C + \beta_1 \ln petd_{it} I(\ln seci \leqslant \gamma) + \beta_2 \ln petd_{it} I(\ln seci \geqslant \gamma) + \gamma Z_{it} + \mu_{it} \tag{7.30}$$

式中，i 为城市，t 为时间，$\ln jjd$ 代表人口集聚度，$\ln petd$ 代表创新集聚度，$\ln seci$ 代表产业集聚度，γ 为待估计的门限值，I 为指示性函数，γZ_{it} 为以人均 GDP、对外开放程度、产业结构高度化、政府财政制度、劳动力存量为代表的其他控制变量，β_1、β_2、β_3 为各解释变量的系数值，μ 为随机误差项。

对于模型 T1 中被解释变量，本节选择 1995—2015 年的北京、天津、上海、重庆、广州的人口集聚水平指标（$\ln jjd$）相关数据作为人口集聚指数变量。

对于模型 T1 中解释变量，本节选择同年份同地区专利授权密度（$\ln petd$）相关数据作为创新集聚指数变量。

对于模型 T1 中门限变量，本节选取同年份同地区第二产业区位熵（$\ln seci$）相关数据作为产业集聚指数变量。

对于模型 T1 中控制变量，本节选取同年份同地区人均 GDP（$\ln gdpp$）、对外开放程度（$\ln oped$）、产业结构高度化（$\ln inds$）、政府财政制度（$\ln govf$）以及劳动力存量（$\ln lab$）作为控制变量。上述变量具体含义及数据来源已于本章第三节进行说明，本部分不再进行赘述。

三、人口集聚与产业集聚、创新集聚的门限效应分析

本节按照 Hansen 提出的 Bootstrap 方法对门限效应进行 1 000 次抽样检验估计，得到以人口集聚作为解释变量，创新集聚作为核心被解释变量，产业集聚作为门限变量的门限效应检验结果，具体结果如表 7.9 所示。

表7.9 Bootstrap 门限效应检验结果

模型	F 值	P 值	Bootstrap 次数	1%	5%	10%
单一门限	14.81	0.021	1 000	17.685 4	12.466 6	9.862
双重门限	3.92	0.744	1 000	22.786 6	19.238 4	16.419 5
三重门限	4.77	0.794	1 000	27.463 8	19.482 3	16.400 1

由表中数据可知,在模型不存在三重门限原假设的前提下,回归结果接受原假设,门限效应统计检验量 P 值为 0.794,F 统计量为 4.77,未能通过门限检验,即认为模型不存在三重门限效应。接着对模型进行双重门限效应检验,发现门限效应统计量 P 值为 0.744,F 统计量为 3.92,模型同样在原假设为不存在双重门限的条件下被接受,表示模型不存在双重门限效应。最后,对模型进行单门限检验后发现,Bootstrap 方法通过 1 000 次抽样估计后模型 P 值为 0.021,模型在5%显著性水平下拒绝原假设,同时 F 统计量为 14.81,即认为检验结果存在单门限效应。由三次门限检验结果可知,在以产业集聚作为门限变量的条件下,创新集聚对人口集聚的影响存在单门限效应。

表 7.10 为产业集聚门限值估计结果,由上文中门限检验结果可知,模型存在单门限效应,因此依据序贯估计法得到在 95% 置信区间内,模型单一门限估计值为 -0.063 7,似然比函数图中 LR 统计量在 -0.063 7 时似然比取值为 0,表示门限变量取值合理。

表7.10 产业集聚门限值估计结果

模型	门限估计值	95%置信区间
单一门限	-0.063 7	[-0.070 5, -0.055 8]
双重门限	-0.109 2	[-0.132 6, -0.102 4]
三重门限	-0.161 9	[-0.165 7, -0.143 4]

LR 趋势分析图如图 7.6 所示,从图中曲线可以看出,LR 统计量与虚线的交点处为 -0.070 5 和 -0.055 8,表示在 95% 水平下,单门限效应的显著置信区间为 [-0.070 5, -0.055 8],门限变量在 -0.063 7 时归为 0,表示所求门限变量。

从表 7.11 中以产业集聚作为门限变量的模型回归结果来看,当中国超大城市产业集聚度较低的情况下 (lnseci<-0.063 7),创新集聚对人口集聚的驱动作用在 1% 显著性水平下显著,影响系数为 0.043 7,表示创新集聚

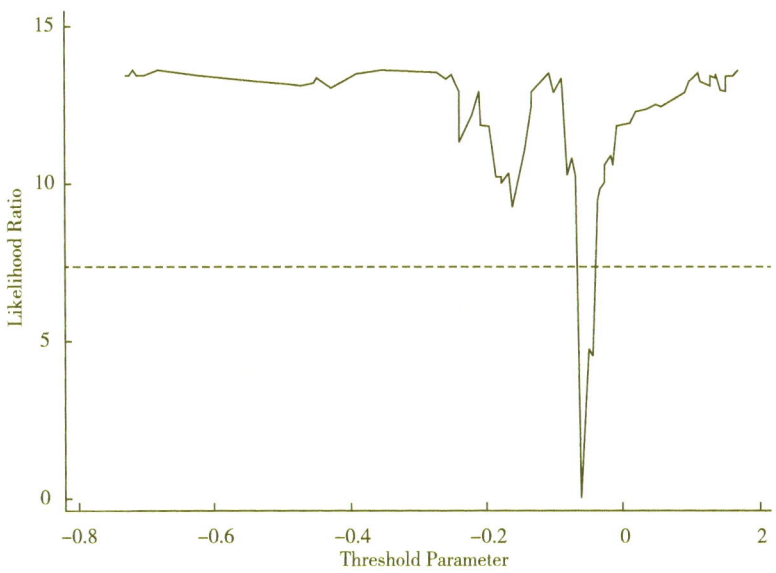

图 7.6　LR 趋势分析

每上升 1%，人口集聚就会上升 0.043 7%；而当产业集聚度较高的情况下（lnsec≥-0.063 7），创新集聚对人口集聚的驱动作用同样非常明显，影响系数为 0.071 6，即表示创新集聚的比重每上升 1% 时，人口集聚就会上升 0.071 6%。由此结果可以说明，产业集聚对创新集聚驱动人口集聚的作用机制具有明显的单一门限效应，同时当产业集聚指数超过-0.063 7 时，创新集聚对人口集聚的促进作用会有所上升。门限效应检验的结果也同时反映出，中国超大城市的创新集聚推动人口集聚的作用机制内，产业集聚发挥着至关重要的作用，当产业集聚度较低时，创新集聚对人口集聚的推动作用较小，而当产业集聚积累到一定程度时，创新集聚对人口集聚的推动作用会被持续放大，知识外溢性所带来的科技创新能力会为地区人口密度的提升作用更为显著。

表 7.11　产业集聚门限效应回归结果

解释变量	系数	标准误差	T 值	P 值
ln$gdpp$	0.001 7	0.031 6	0.05	0.956
ln$oped$	-0.044 6	0.016 6	-2.68	0.009***
ln$govf$	-0.087 3	0.045 2	-1.93	0.056*

(续表)

解释变量	系数	标准误差	T 值	P 值
ln$inds$	0.161 0	0.043 2	3.73	<0.001 ***
lnlab	0.496 4	0.058 7	8.45	<0.001 ***
产业集聚（$\gamma<-0.063\ 7$）	0.043 7	0.016 1	2.71	0.008 **
产业集聚（$\gamma\geqslant-0.063\ 7$）	0.071 6	0.017 1	4.2	<0.001 ***
常数项	-0.907 1	0.401 1	-2.26	0.026 *

注：*、**、*** 分别表示统计值在 10%、5% 和 1% 显著性水平下显著。

四、模型设定与变量选取

在中国超大城市"去功能化"过程中，产业集聚对于人口集聚的调整作用极为显著，本节将产业集聚作为门限变量，通过 Hansen 提出的门限效应检验步骤对产业集聚影响人口集聚的门限特征进行单独分析，以检验中国超大城市两种集聚效应的作用关系，具体建立门限效应回归模型 T2 如下所示。

$$\ln jjd_{it} = C + \beta_1 \ln seci_{it} I(\ln seci \leqslant \gamma) + \beta_2 \ln seci_{it} I(\ln seci \geqslant \gamma) + \gamma Z_{it} + \mu_{it} \tag{7.31}$$

其中，i 为城市，t 为时间，lnjjd 代表人口集聚度，ln$seci$ 代表产业集聚度，γ 为待估计的门限值，I 为指示性函数，γZ_{it} 为以人均 GDP、对外开放程度、产业结构高度化、政府财政制度、劳动力存量为代表的其他控制变量，β_1、β_2、β_3 为各解释变量的系数值，μ 为随机误差项。

对于模型 T2 中被解释变量，本节选择 1995—2015 年的北京、天津、上海、重庆、广州的人口集聚水平指标（lnjjd）相关数据作为人口集聚指数变量。

对于模型 T2 中解释变量与门限变量，本节选取同年份同地区第二产业区位熵（ln$seci$）相关数据作为产业集聚指数变量。

对于模型 T2 中控制变量，本节选取同年份同地区人均 GDP（ln$gdpp$）、对外开放程度（ln$oped$）、产业结构高度化（ln$inds$）、政府财政制度（ln$govf$）以及劳动力存量（lnlab）作为控制变量。上述变量具体含义及数据来源与前一章节相同，本部分不再进行赘述。

五、人口集聚与产业集聚的门限效应分析

本节按照"自助抽样法"（Bootstrap）对门限效应进行 1 000 次抽样检

验估计，得到以人口集聚作为解释变量，产业集聚作为门限变量和核心被解释变量的门限效应检验结果，具体结果如表 7.12 所示。

表 7.12 Bootstrap 门限效应检验结果

模型	F 值	P 值	Bootstrap 次数	1%	5%	10%
单一门限	19.83	<0.001	1 000	14.632 2	11.207 0	9.349 4
双重门限	8.38	0.228	1 000	18.170 4	13.206 3	11.251 1
三重门限	4.29	0.794	1 000	37.745 1	26.976 1	19.679 3

由表中结果可知，在原假设模型不存在三重门限的前提下，回归结果接受原假设，门限效应统计检验量 P 值为 0.794，F 统计量为 4.29，未能通过检验，即认为模型不存在三重门限效应。随后对模型进行双重门限效应检验，发现门限效应统计量 P 值为 0.228，F 统计量为 8.38，模型接受原假设，表示模型不存在双重门限效应。最后，对模型进行单门限检验，可知"自助抽样法"（Bootstrap）通过 1 000 次抽样估计后模型 P 值小于 0.001，模型在 1% 显著性水平下拒绝原假设，同时 F 统计量为 19.83，即认为检验结果存在单门限效应。由三次门限检验结果可知，在以产业集聚作为门限变量和核心解释变量的条件下，产业集聚对人口集聚的影响具有单门限效应。

在确定模型具有单门限效应后，本节对依据 Hansen 的序列估计法对产业集聚门限值进行模型估计，表 7.13 为产业集聚门限值估计结果，依据序贯估计法得到在 95% 置信区间内，模型单一门限估计值为 -0.165 7，置信区间为 [-0.186 2，-0.161 9]，似然比函数图中 LR 统计量在 -0.165 7 时似然比取值为 0，表示门限变量取值合理。

表 7.13 产业集聚门限值估计结果

模型	门限估计值	95%置信区间
单一门限	-0.165 7	[-0.186 2，-0.161 9]
双重门限	-0.427 4	[-0.544 1，-0.395 5]
三重门限	-0.658 8	[-0.678 8，-0.637 9]

LR 趋势分析图如图 7.7 所示，从图中曲线可以看出，LR 统计量经过三次回归最终在 -0.186 2 和 -0.161 9 处与虚线相交，表示在 95% 水平下，单门限效应的显著置信区间为 [-0.186 2，-0.161 9]，门限变量在 -0.165 7 时归为 0，表示所求门限变量。

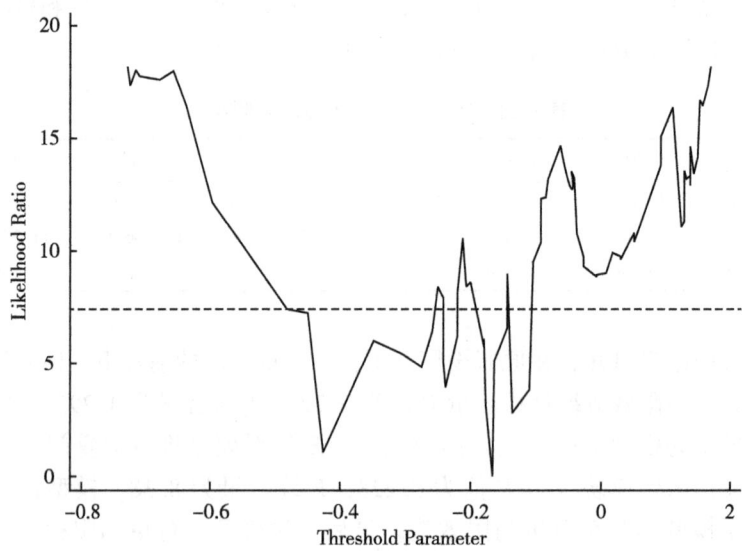

图 7.7　LR 趋势分析

从表 7.14 中以产业集聚作为门限变量的模型回归结果来看，产业集聚对人口集聚的影响呈现出明显的非线性效应。当中国超大城市处于低产业集聚度阶段（$\ln seci < -0.1657$），产业集聚对人口集聚的驱动作用没有在 10% 显著性水平下显著，产业集聚对人口集聚的负向驱动作用并不明显；而当产业集聚处于高集聚度阶段（$\ln seci \geq -0.1657$），产业集聚对人口集聚的驱动作用通过 1% 显著性检验，且系数的绝对值较前一阶段明显上升，影响系数为 -0.664，即表示产业集聚的比重每上升 1% 时，人口集聚就会下降 0.0716%。系数绝对值在门限两侧出现大幅上升，说明目前我国超大城市以传统产业为主的产业集聚，已无法吸引外省人口向本地集聚，同时伴随着产业结构调整以及经济发展水平的上升，高密度型产业对外省迁移人口的"挤出效应"持续增强，大大增加了产业集聚对人口集聚增长的负向效应。

表 7.14　产业集聚门限效应回归结果

解释变量	系数	标准误差	T 值	P 值
$\ln gdpp$	0.1101	0.0245	4.5	<0.001***
$\ln oped$	-0.0488	0.0170	-2.87	0.005***
$\ln govf$	-0.0592	0.0416	-1.42	0.158
$\ln inds$	-0.0580	0.0892	-0.65	0.517

(续表)

解释变量	系数	标准误差	T值	P值
ln*lab*	0.562 3	0.061 0	9.22	<0.001***
产业集聚（γ<-0.165 7）	-0.207 3	0.142 5	-1.45	0.149
产业集聚（γ≥-0.165 7）	-0.664 0	0.177 5	-3.74	<0.001***
常数项	-2.390 5	0.310 1	-7.71	<0.001***

注：*、**、***分别表示统计值在10%、5%和1%显著性水平下显著。

六、模型设定与变量选取

根据第六章第二节中 PVAR 模型结果可知，创新集聚对人口集聚具有显著的正向促进作用，本节将创新集聚作为门限变量，分析创新集聚对人口集聚的门限特征，以检验中国超大城市两种集聚效应的作用关系，在基准单门限效应模型基础下，本节根据门限识别结果，设定创新集聚对人口集聚的双门限效应模型，具体建立门限回归模型 T3 如下所示。

$$\ln jjd_{it} = C + \beta_1 \ln petd_{it} I(\ln petd \leqslant \gamma_1) + \beta_2 \ln petd_{it} I(\gamma_1 < \ln petd\gamma \leqslant \gamma_2) + \beta_3 \ln petd_{it} I(\gamma_1 < \ln petd) + \gamma Z_{it} + \mu_{it}$$

(7.32)

式中，i 为城市，t 为时间，ln*jjd* 代表人口集聚度，ln*petd* 代表创新集聚度 γ 为待估计的门限值，I 为指示性函数，γZ_{it} 为以人均 GDP、对外开放程度、产业结构高度化、政府财政制度、劳动力存量为代表的其他控制变量，β_1、β_2、β_3 为各解释变量的系数值，μ 为随机误差项。

对于模型 T3 中被解释变量，本节选择 1995—2015 年的北京、天津、上海、重庆、广州的人口集聚水平指标（ln*jjd*）相关数据作为人口集聚指数变量。

对于模型 T3 中解释变量与门限变量，本节选取同年份同地区专利授权密度（ln*seci*）相关数据作为创新集聚指数变量。

对于模型 T3 中控制变量，本节选取同年份同地区人均 GDP（ln*gdpp*）、对外开放程度（ln*oped*）、产业结构高度化（ln*inds*）、政府财政制度（ln*govf*）以及劳动力存量（ln*lab*）作为控制变量。上述变量具体含义及数据来源与前一章节相同，本部分不再进行赘述。

七、人口集聚与产业集聚的门限效应分析

本节继续采用 Bootstrap 方法分别对原假设为存在三个门限效应、存在

两个门限效应以及存在一个门限效应的门限效应检验进行回归，得到以人口集聚作为解释变量，创新集聚作为核心被解释变量和门限变量的门限效应检验结果，具体结果如表7.15所示。

表7.15 Bootstrap门限效应检验结果

模型	F值	P值	Bootstrap次数	1%	5%	10%
单一门限	21.38	0.0380	1000	26.9005	19.3146	15.0864
双重门限	19.30	<0.001	1000	12.4748	9.9774	8.6387
三重门限	2.80	0.8460	1000	40.6459	27.8473	14.9084

从表7.15中结果可知，在模型不存在三重门限原假设的前提下，回归结果接受原假设，门限效应统计检验量 P 值为0.8460，F 统计量为2.80，未能通过门限检验，即认为模型不存在三重门限效应。随后对模型进行双重门限效应检验，得到门限效应统计量 P 值小于0.001，F 统计量为19.30，模型在原假设为不存在双重门限的条件下被拒绝，表示模型存在双重门限效应。最后，对模型进行单门限检验后发现，门限统计量 P 值为0.0380，模型在5%显著性水平下拒绝原假设，同时 F 统计量为21.38，即认为检验结果存在单门限效应。表中结果说明，以创新集聚作为门限变量和核心解释变量下，人口集聚分别显著通过了单门限检验和双门限检验，根据Hansen门限检验方法，可以认为创新集聚对人口集聚的影响具有双门限效应。

表7.16为创新集聚门限值估计结果，由上文中门限检验结果可知，模型存在双门限效应，因此依据序贯估计法得到在95%置信区间内，模型双重门限估计值为−1.8766，似然比函数图中LR统计量在−1.8766时似然比取值为0，表示门限变量取值合理。

表7.16 创新集聚门限值估计结果

模型	门限估计值	95%置信区间
单一门限	−4.2649	[−4.9149, −4.2318]
双重门限	−1.8766	[−2.1585, −1.8654]
三重门限	0.9626	[0.9129, 0.9668]

LR趋势分析图如图7.8所示，在单重门限曲线趋势图中可以看出，LR统计量与虚线的交点处为−4.9149和−4.2318，表示在95%水平下，单门限效应的显著置信区间为[−4.9149, −4.2318]，门限变量在−4.2649时

归为 0，表示单重门限所求门限变量；从双重门限曲线趋势图中可以看出，LR 统计量在 95% 水平下，置信区间为 [-2.158 5，-1.865 4]，门限变量在 -1.876 6 时归为 0，表示双重门限所求门限变量。

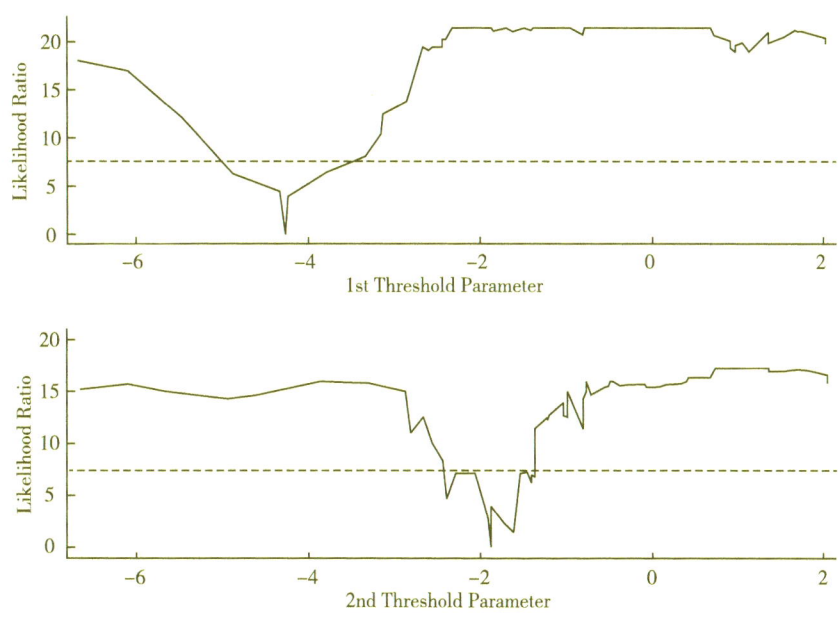

图 7.8　LR 趋势分析

从表 7.17 中以创新集聚作为门限变量的模型回归结果来看，主要结论较为稳健，创新集聚对人口集聚的影响呈现出明显的非线性效应。当中国超大城市处于低创新集聚度阶段（$\ln petd < -4.264\ 9$），创新集聚对人口集聚的驱动作用没有通过 10% 显著性水平检验，创新集聚对人口集聚的驱动作用并不明显。而当创新集聚度处于中等阶段时（$-4.264\ 9 < \gamma \leqslant -1.876\ 6$），创新集聚对人口集聚的驱动作用非常明显，并在 1% 显著性水平下显著，同时系数的绝对值明显上升，影响系数为 0.041 4，表示创新集聚的比重每上升 1% 时，人口集聚就会上升 0.041 4%。在高创新集聚阶段（$\ln petd \geqslant -1.876\ 6$），创新集聚对人口集聚的驱动作用同样通过 1% 显著性检测，且系数的绝对值持续上升，影响系数为 0.083 8，即表示创新集聚的比重每上升 1% 时，人口集聚就会上升 0.083 8%。系数绝对值持续上升说明，中国超大城市创新集聚对人口集聚的影响，会随着创新集聚的发展而持续扩大，在科技创新能力较弱时，超大城市对于外省迁移人口的"拉力作用"较小，

进而对人口集聚的驱动能力较弱，随着地区产业结构的升级换代，同时伴随着自主创新能力的提升，中国超大城市凭借自身经济优势，发挥科研院所的导向能力越过门限，实现高素质人力资本的吸引作用，同时发挥知识外溢性牵引力，最终拉动外省人口向本地集聚，实现地区人口集聚规模的快速发展。

表7.17 创新集聚门限效应回归结果

解释变量	系数	标准误差	T值	P值
ln$gdpp$	0.067 9	0.031 5	2.16	0.034**
ln$oped$	−0.068 7	0.015 8	−4.34	<0.001*
ln$govf$	−0.009 4	0.044 4	−0.21	0.833
ln$inds$	0.004 4	0.044 8	0.1	0.922
lnlab	0.362 0	0.059 4	6.09	<0.001**
创新集聚（$\gamma \leq -4.264\,9$）	0.007 7	0.016 2	0.47	0.636
创新集聚（$-4.264\,9 < \gamma \leq -1.876\,6$）	0.041 4	0.017 3	2.4	0.018**
创新集聚（$\gamma > -1.876\,6$）	0.083 8	0.015 6	5.36	<0.001***
常数项	−0.222 6	0.418 0	−0.53	0.596

注：*、**、***分别表示统计值在10%、5%和1%显著性水平下显著。

第五节 小结

本章分为三个部分对中国超大城市人口集聚、产业集聚与创新集聚之间的影响机制进行实证分析，首先将北京、天津、上海、重庆、广州作为超大城市研究样本，建立面板中介效应模型，分析产业集聚在创新集聚影响人口集聚机制中的中介作用，其次通过面板门限效应模型，提出创新集聚在创新集聚影响人口集聚中的门限假设，并进行实证分析，最后通过面板门限模型，分析产业集聚与人口集聚、创新集聚与人口集聚之间的门限效应。

第一部分通过1995—2015年我国五个超大城市的省级面板数据，对产业集聚的中介效应进行验证，实证研究结果表明，产业集聚在创新集聚影响人口集聚过程中起到负向中介作用，且在此影响过程中不是唯一中介变量，起到部分中介作用。

第二部分采用面板门限效应模型，分析产业集聚在创新集聚影响人口集聚过程中的门限假说进行验证，结果表明，以产业集聚作为门限变量，创新集聚对人口集聚存在单门限效应，当产业集聚度较低时，创新集聚对人口集聚的促进作用较小，当产业集聚进一步发展后，创新集聚对人口集聚的推动作用将会被持续放大，由此带来的促进作用将会被显著提升。

第三部分依然采用面板门限效应模型，对产业集聚、创新集聚与人口集聚之间的门限假说进行模型验证，结果表明，产业集聚和创新集聚分别对人口集聚存在单重门限和双重门限效应。当产业集聚度较低时，产业集聚对人口集聚的负向门限效应不显著，当产业集聚度发展到一定程度时，产业集聚开始对人口集聚产生显著的负向影响作用，而当创新集聚度较低时，创新集聚对人口集聚的驱动作用并不显著，当创新集聚处于中等阶段时，创新集聚的推动作用开始显现，当创新集聚达到较高水平后，创新集聚对人口集聚的促进作用将会持续放大，进而推动人口集聚现象的发展。

综上所述，在中国超大城市创新集聚影响人口集聚时，产业集聚在作用机理中不仅具有中介效应，同时也具有门限效应，因此我国政府未来为充分释放创新集聚的导向推动作用，不仅应单纯考虑加大科研投入力度、建设信息共享平台等传统举措，而应该在促进创新行业形成集聚效应的同时，完善城市产业结构升级转型，缩小产业集聚在创新集聚影响人口集聚过程中的负向作用，促进城市三种集聚效应的和谐有序发展，进而推动中国超大城市的可持续发展。

第八章 结论与政策建议

第一节 研究结论

中国超大城市人口集聚现象一直以来都是学术界关注的热点问题之一，受到全国城镇化建设加速以及超大城市产业结构优化的影响，以北京为例的超大城市人口开始出现负增长趋势，由此导致的人口集聚影响因素开始成为学者关注的重点问题。本书以产业集聚、创新集聚对我国超大城市人口集聚的影响作为研究对象，在回顾国内外经典理论和研究成果的基础上，首先通过全局 Moran's I 指数和局部 Moran's I 指数，对以北京、天津、上海为例的中国超大城市人口集聚空间分布特征及演变趋势进行分析，其次通过二元 logistics 回归分析模型对三大城市的人口集聚影响因素进行对比研究，随后借助 PVAR 模型对产业集聚、创新集聚对人口集聚的影响机制进行比对研究，在此基础上，运用中介效应模型和门限效应模型，实证分析产业集聚、创新集聚与人口集聚的影响机制，得出如下相关结论。

第一，中国超大城市人口集聚现象表现出一定的空间关联格局。通过自然断点分类法分析，发现以北京、天津、上海为例的中国超大城市人口集聚现象呈现"中心—外围"及"点轴状"分布结构，辖区等级在 2000—2015 年间变化幅度较小，保持长期稳定的一致性。全局 Moran's I 指数总体上均通过 1% 显著性水平检验，说明中国超大城市出现空间强相依特征，且总体呈现稳定上升趋势。通过局部 Moran's I 指数结果表明，中国人口集聚现象表现出一定的空间关联格局，同时通过 LISA 图分析发现，中国超大城市中心外围分异显著，中心城区与外围城区仍然存在较大的差距。分城市方面，北京市人口集聚现象开始由东城区、西城区向周围城区转移，已开始形成稳定的发展极。天津市人口集聚现象呈现出长期稳定的一致性。上海市人口集聚现象变化幅度较小，但浦东新区受到政策调整影响，呈现不显著的空间结构。

第二，中国超大城市人口自然增长率整体呈现上升趋势，人口机械增长影响因素存在差异。通过对数据整理分析后发现，在中国超大城市人口集聚过程中，北京、天津、上海为例的中国三大城市人口自然增长率均呈现逐年上升趋势，对城市人口集聚现象的形成有较强的堆力作用。而人口机械迁移方面，迁入人口普遍以男性为主，且具有从事行业相似和受教育水平快速上升的特点。通过二元logistics回归分析结果表明，影响中国超大城市流动人口居留意愿的影响因素出现明显差异，北京方面，流动人口长期居留意愿受其婚姻状况和本周工作时长双重影响，天津方面，流动人口长期居留意愿受其受教育年限和流动时间双重正影响，上海方面，流动人口长期居留意愿受其性别和收支水平双重正影响，但从总体来看，中国超大城市流动人口年龄状况对长期居留意愿影响显著性较差，各年龄段分布对流动人口的居留意愿影响较低，同时性别和住房支出等因素对流动人口长期居留意愿影响显著性较低。

第三，中国超大城市产业集聚对人口集聚具有显著负向影响作用。本书从动态面板模型、脉冲响应函数和方差分解对中国超大城市产业集聚与人口集聚的影响机制进行分析，实证结果表明第二产业集聚与轻工业产业集聚受到城市产业转型升级的影响，均会显著影响人口集聚的发展，且呈现出负向影响机制，从中短期角度来看，产业集聚对人口集聚的累积效应为负，对人口集聚具有微弱的阻碍作用，但从长期角度来看，这种负向效应会随着产业结构优化而出现拐点，逐渐形成促进人口集聚效应的影响机制，并随着高耗能产业向周边城市扩散，产业集聚的推力作用增强，带来人口集聚现象的持续发展。最后使用方差分解对中国超大城市产业集聚与人口集聚的贡献度进行了进一步说明，分析发现产业集聚对人口集聚具有较强的解释能力，但产业集聚主要受自身惯性影响，人口集聚的解释能力较弱。

第四，中国超大城市创新集聚有助于提升人口集聚效应的发展。通过PVAR模型对创新集聚与人口集聚的影响机制分析后发现，创新集聚对人口集聚具有显著的推动性作用，从中短期角度来看，高校课题密度的正向作用会随时间推移而被持续放大，但从长期角度来看，高校课题密度的推动作用存在明显的拐点，整体脉冲函数模型呈现倒"U"形曲线，正向作用会出现逐步缩小的趋势，而专利授权密度的正向作用同样存在拐点效应，这种正向效应会随着人口集聚的进一步发展而逐渐缩小。在方差分解方面，创新集聚对人口集聚具有一定的解释能力，而创新集聚主要受自身惯性影响，人口集聚的解释贡献度较低。

第五，中国超大城市的产业集聚在创新集聚与人口集聚的作用中具有显著负向中介作用。考虑到中国超大城市在人口集聚水平发展到一定程度后，会通过产业结构升级以及去城市功能化而造成的人口结构性调整，因此通过中介效应模型，分析了人口集聚、产业集聚、创新集聚的中介效应，分析结果表明，在创新集聚影响人口集聚的过程中，产业集聚会作为中介变量产生传导作用，且呈现负向影响机制，但从整体来看创新集聚对人口集聚的影响机制仍然为正，产业集聚作为中介效应对总效应的解释度较低，即在创新集聚促进人口集聚的过程中，有10.2%是通过产业集聚实现的，从而产业集聚对人口集聚的中介效应非完全中介效应，而是为部分中介效应。

第六，中国超大城市的产业集聚对创新集聚与人口集聚的作用中存在门限效应。通过门限效应检验，得出在创新集聚影响人口集聚的过程中，产业集聚存在单一门限效应，门限估计值为 -0.063 7，当中国超大城市产业集聚低于 -0.063 7 时，创新集聚对人口集聚的回归系数为 0.043 7，当产业集聚系数大于 -0.063 7 时，回归系数上升至 0.071 6，意味着创新集聚对人口集聚的促进作用有所上升。同时通过门限效应，得出产业集聚对人口集聚存在单一门限效应，门限值估计值为 -0.165 7，当产业集聚指数大于 -0.165 7 时，产业集聚的回归系数由 -0.207 3 下降至 -0.664，表示产业集聚对人口集聚的阻碍作用有所上升。而通过门限效应对创新集聚和人口集聚的门限效应分析发现，创新集聚对人口集聚存在双重门限效应，门限值分别为 -4.264 9 和 -1.876 6，当创新集聚指数位于 -4.264 9 和 -1.876 6 区间时，创新集聚对人口集聚的回归系数由 0.007 7 上升至 0.041 4，当创新集聚指数大于 -1.876 6 时，创新集聚的回归系数上升为 0.083 8，表示目前我国超大城市创新集聚对人口集聚的促进作用会随着创新指数的上升而逐渐扩大。

第二节　政策建议

目前，我国超大城市人口集聚现状已经逐渐进入全新的发展阶段，在未来超大城市人口集聚现象调整过程中，若单纯地将人口规模作为调控标准，而割裂人口集聚与产业集聚、创新集聚三者之间的联系，将会造成劳动力资源配给失衡和城市老龄化形势加剧的现象。为更好推动中国超大城市人口集聚实现良性均衡发展，结合本项研究的理论和实证分析结果，现提出以下四点政策建议。

第一，加快城市产业结构优化调整，完善产业结构高度化布局。地方政府应在保证本地企业发展规模的同时加强对劳动密集型产业转型升级，消除城市传统产业依赖现状。通过控制传统产业集聚规模，减少创新集聚和产业集聚的摩擦成本，完善科研企业配套产业、本地技术密集型产业发展，着力发展新材料技术、生物医药技术、信息能源技术等高新产业，促进产业结构向高度化转变。同时在结合当地产业布局特点的前提下，积极发展创办高新技术产业园区，完善配套基础设施建设，吸引高新技术企业进驻，助力创新企业孵化，加速本地创新集聚能力，形成以知识技术企业代替资源消耗企业的产业布局模式，推动区域产业结构优化升级。

第二，加大科研投入力度，释放科研主体潜能。为进一步发挥创新集聚对人口集聚的促进作用，未来政府应加大城市创新投入力度，完善科研经费投资计划，加强对高精尖实验室及重点研究中心资助力度。同时通过健全科研财务系统，简化科研人员经费验收核算流程，释放科研人员工作积极性。此外，政府应进一步助力数据设备共享平台、科研成果转换平台建设，消除知识信息分享壁垒，促进科研资源优化配置，缩小研发创新成本，加快科研成果转换过程，促进"产—学—研"三个环节有效衔接，保证本地创新集聚快速发展，从而提高城市人口集聚吸纳能力，进而为高素质人才引入提供有力的平台保障。

第三，深化户籍制度改革，完善人口流动合理配置。为保证我国超大城市人口集聚良性发展，政府部门应采取双轨制深化户籍制度改革。一方面从本地实际情况入手制定相应政策，针对本地已婚流动人口适当调整户籍政策，为高新产业从业人员、高学历人才以及医疗人员、高级技工等一线人员降低落户门槛，使这部分流动人口能够更稳定地在本地就业生活，从而将长期居留意愿转化为产业转型升级的原动力。另一方面对高素质流动人口群体提供更加便利的入学、就医等保障，简化户籍申请流程，降低落户积分标准，将高端流动人口居留意愿转化为本地人力资本储备，为城市综合素质提升打下坚实的人才基础。同时应针对流动时间较长的流动人口开辟绿色落户渠道，简化落户经办流程，降低落户积分标准，通过户籍政策手段调整并提升流动人口的市民化融入能力，促进本地人口集聚有序发展。

第四，完善现代化都市圈建设，促进区域协调发展。为有效协调产业集聚、创新集聚对人口集聚的良性导向作用，地方政府应遏制"摊大饼"式发展模式，吸取国外城市发展经验，推动大都市圈模式培育建设，通过完善城市交通网络布局，保证通勤需求的前提下，有序引导传统劳动密集型产业向郊区、周边卫星城迁移，实现"总部—厂区"分离的企业运作模式。同时在保证中小企业制造业快速发展的基础上，推动城市中心高技术产业发展，形成城市功能互补模式，加强都市圈专业分工协作。此外，在加快都市圈基础设施建设的同时，政府部门应加快社会保障衔接，解决由人口集聚带来的异地养老、异地就医等现实问题，充分发挥外来人口对本地经济建设的促进作用。

第三节　研究展望

本书通过中国超大城市的产业、创新、人口现状，构建了多层次分析的理论研究框架，深入分析了三种集聚效果之间的作用关系对于未来我国超大城市发展的指导意义，但对于城市集聚效应的研究仍是一个有待完善的探索过程，因此未来从理论和实践的角度，可以从以下三个方面进行深层次研究。

第一，本书通过中介效应模型，对中国超大城市产业集聚在创新集聚影响人口集聚的过程中所发挥的中介效应进行了实证研究，结论显示，产业集聚在作用过程中发挥了部分中介效应，而在现实作用机制下，创新集聚影响人口集聚时仍受到多种因素的中介作用而产生效果，在研究过程中由于学识有限，未能分析其余因素的作用机制及作用大小，未来从多个角度对其中介效应进行分析将会是一个极具现实意义的研究内容。

第二，从国外发展经验来看，目前我国超大城市人口集聚发展仍处于未饱和阶段，本书在中国外超大城市比较评价中仅通过个别人口指标进行对比，虽在一定程度上能反映出城市人口聚集发展现状，但是仍然无法全面反映出我国超大城市未来发展的阈值及影响机制，今后研究如果可以通过实证模拟的方式为我国超大城市发展提供理论支持，将会是中国城市人口集聚现状的一个重要研究方向。

第三，本书在研究人口集聚的过程中，对于政府调控、人口生育意愿的影响机制分析较少，未来可以从以上两个角度对超大城市人口集聚现象研究进行更加深入的分析和探索。

参考文献

陈强, 2014. 高级计量经济学及 stata 应用 [M]. 北京：高等教育出版社：512-516.

邓沛能, 2019. 人口老龄化、创新与产业结构升级 [D]. 武汉：中南财经政法大学.

高丽娜, 朱舜, 李洁, 2016. 创新集聚与溢出、空间效应与长三角城市群协同发展 [J]. 华东经济管理, 30 (005)：81-85.

戈锦文, 孟庆峰, 李真, 2017. 基于企业竞合网络的产业创新集聚计算实验 [J]. 科技管理研究, 37 (001)：178-183.

扈新强, 2017. 新、老两代流动人口居留意愿差异研究——以北京、上海、广州为例 [J]. 调研世界 (7)：28-32.

黄茹, 梁绮君, 吕拉昌, 2014. 城市人口结构与创新能力的关系——基于中国城市的实证分析 [J]. 城市发展研究, 21 (09)：84-91.

江宏, 2018. 中国人口集聚和经济集聚的环境效应差异研究 [D]. 长沙：湖南大学.

李国平, 宋昌耀, 孙瑀, 2017. 中国县域小城镇就业岗位对人口集聚的影响研究——基于分位数回归的实证检验简 [J]. 地理科学.

李洪法, 2014. 全国最大的非木材纤维综合利用企业——泉林纸业：依靠技术创新集聚发展动力实现秸秆制浆造纸企业转型升级 [J]. 中华纸业 (13)：30-33.

李辉, 韩东, 温馨, 2019. 新生代农民工城市归属感研究 [J]. 吉林大学社会科学学报 (3).

李江一, 2019. 高房价降低了人口出生率吗？——基于新家庭经济学理论的分析 [J]. 南开经济研究 (04)：58-80.

李婧, 产海兰, 2018. 中国 R&D 人员流动的空间分布及其影响因素分析 [J]. 研究与发展管理, 30 (04)：94-104.

李天籽, 王伟, 邓丽君, 2018. 基于 PVAR 模型的东北地区城市化、工业化与人口集聚分析［J］.人口学刊，40（06）：77-87.

梁建章，2018.人口创新力：大国崛起的机会与陷阱［M］.北京：机械工业出版社.

刘厚莲，沈燕，2020.行业选择与超大城市人口流入区域——基于北京、上海的实证分析［J］.南方人口，35（01）：42-52+68.

刘冉，刘媛媛，李庭竹，2016.北京市流动人口的社区选择及居留意愿研究［J］.首都师范大学学报（自然科学版）（6）.

马双，曾刚，2020.上海市创新集聚的空间结构、影响因素和溢出效应［J］.城市发展研究.

马歇尔（著），朱志泰（译），1981.经济学原理［M］.北京：商务印书馆.

毛冰冰，2020.我国制造业产业集聚与人口流动的互动关系研究［D］.郑州：河南财经政法大学.

潘培玉，2015.北京市人口—产业空间集聚特征、机理及衍生问题研究［D］.北京：北京交通大学.

乔晓春，2000.人口学教程［M］.北京：人民教育出版社.

邱成利，2001.制度创新与产业集聚的关系研究［J］.中国软科学，（009）：100-103.

芮雪琴，李亚男，牛冲槐，2015.科技人才聚集的区域演化对区域创新效率的影响［J］.中国科技论坛（012）：126-131.

施晓丽，李艳婷，程千驹，2019.基于全国30省市的高技术产业集聚度的测度及其影响因素研究［J］.南阳理工学院学报，011（006）：31-37.

宋健，周宇香，2016.全面两孩政策执行中生育成本的分担——基于国家、家庭和用人单位三方视角［J］.中国人民大学学报，V30（6）：107-117.

孙瑜康，李国平，席强敏，2019.技术机会、行业异质性与大城市创新集聚——以北京市制造业为例［J］.地理科学，39（02）：82-88.

孙瑜康，孙铁山，席强敏，2017.北京市创新集聚的影响因素及其空间溢出效应［J］.地理研究，36（012）：2419-2431.

谭雪萍，2015.成本-效用视角下的单独二胎生育意愿影响因素研究——基于徐州市单独家庭的调查［J］.南方人口，30（02）：1-12+22.

陶长琪，周璇，2016.要素集聚下技术创新与产业结构优化升级的非线

性和溢出效应研究 [J]. 当代财经（01）：83-94.

田明，彭宇，2014. 流动人口城市融入的空间差异——以东部沿海6个城市为例 [J]. 城市规划（6）：9-16.

童纪新，李菲，2015. 创新型城市创新集聚效应比较研究 [J]. 科技进步与对策（19）：41-45.

童纪新，李菲，2015. 创新型城市创新集聚效应比较研究——以上海、南京为例 [J]. 科技进步与对策（19）：35-39.

汪行东，2017. 城市化、人口密度与创新关系研究 [J]. 广东行政学院学报，29（06）：73-81.

王芳，2019. 产业集聚、人口集聚对环境质量的影响研究——基于省际面板数据的实证分析 [J]. 可持续发展，009（003）：P.333-341.

王公博，2020. 创新驱动与人口集聚：基于空间杜宾模型的实证检验 [J]. 西南民族大学学报（人文社科版），41（08）：128-136.

王科惠，2017. 人口集聚对区域经济增长的影响研究 [D]. 长春：吉林大学.

王立军，2007. 创新集聚与区域发展 [M]. 北京：中国经济出版社.

王兴杰，谢高地，岳书平，2015. 经济增长和人口集聚对城市环境空气质量的影响及区域分异——以第一阶段实施新空气质量标准的74个城市为例 [J]. 经济地理，35（002）：71-76.

王莹莹，童玉芬，2015. 产业集聚与结构高度化对北京人口规模的影响：膨胀还是收敛？[J]. 人口学刊，v.37；No.214（06）：6-14.

王永进，张国峰，2015. 人口集聚、沟通外部性与企业自主创新 [J]. 财贸经济（05）：132-146.

王玥，2018. 人口集聚对产业结构升级的影响及机制研究 [D]. 合肥：安徽大学.

王智勇，2017. 基础教育与人口集聚——基于地级市面板数据的分析 [J]. 人口与发展：14-25.

温忠麟，叶宝娟，2014. 中介效应分析：方法和模型发展 [J]. 心理科学进展，22（05）：731-745.

文东伟，冼国明，2014. 中国制造业产业集聚的程度及其演变趋势：1998—2009年 [J]. 世界经济，000（003）：3-31.

吴洪雪，2017. 职业女性二胎生育意愿的研究 [D]. 沈阳：沈阳师范大学.

谢子远，吴丽娟，2017. 产业集聚水平与中国工业企业创新效率——基于20个工业行业2000—2012年面板数据的实证研究［J］. 科研管理（1）.

许诺，吕拉昌，黄茹，等，2016. 中国城市人口迁移和创新［J］. 地域研究与开发，35（002）：165-169.

亚当·斯密（著），谢祖钧（译），2007. 国富论［M］. 北京：新世界出版社.

杨东亮，2016. 东北流出流入人口的城市居留意愿比较研究［J］. 人口学刊，38（5）：34-44.

杨蔚宁，张正河，游艳，等，2019. 新常态期人口迁移、技术创新与产业升级系统耦合关系研究［J］. 城市发展研究，026（010）：76-85.

杨雪，魏洪英，2017. 流动人口长期居留意愿的新特征及影响机制［J］. 人口研究（5）.

于潇，陈新造，2017. "90后"流动青年的广东城市居留意愿及影响因素研究［J］. 商业研究（5）.

袁冬梅，信超辉，袁琇，2019. 产业集聚模式选择与城市人口规模变化——来自285个地级及以上城市的经验证据［J］. 中国人口科学（06）：46-58+127.

约翰·冯·杜能，2011. 孤立国同农业和国民经济的关系［M］. 北京：商务印书馆.

詹晖，吕康银，2015. 产业集群的人才集聚机制研究［J］. 技术经济与管理研究（05）：85-90.

张敦富，2005. 城市经济学原理［M］. 北京：中国轻工业出版社.

张华初，曹玥，汪孟恭，2015. 社会融合对广州市流动人口长期居留意愿的影响［J］. 西北人口（1）.

张明倩，2007. 中国产业集聚现象统计模型及应用研究［M］. 北京：中国标准出版社.

赵少平，黄飞，2016. 长三角区域创新集聚的空间计量实证研究［J］. 经济地理，36（008）：73-79.

赵晓萍，2019. 我国人口集聚对城市经济增长的影响研究［D］. 太原：山西财经大学.

周戟，2010. 和谐哲学初探［M］. 上海：上海学林出版社.